매 일 일 본 어 습 　　　　 거 !

나의
하루 **1**줄

일본어 ^{쓰기}
수첩

☑ 고급문장 100

66 외국어는
매일의 습관입니다. 99

매 일 일 본 어 습 관 의 기 적 !

나의
하루 **1**줄

일본어 쓰기 수첩

☑ 고급문장 100

매일 한 줄 쓰기의 **힘**

여러분,
한꺼번에 수십 개의 단어와 문장을 외웠다가
나중에 몽땅 까먹고 다시 공부하는
악순환을 반복하고 싶으신가요?

아니면 하루 1문장씩이라도
확실히 익히고, 직접 반복해서 써보며
온전한 내 것으로 만들어
까먹지 않고 제대로 써먹고 싶으신가요?

일본어 '공부'가 아닌
일본어 '습관'을 들이세요.

많은 사람들이 외국어를 공부할 때, 자신이 마치 내용을 한 번 입력하기만 하면
죽을 때까지 그걸 기억할 수 있는 기계인 것마냥 문법 지식과 단어를
머릿속에 최대한 많이 넣으려고 하는 경향이 있습니다.
하지만 이 공부법의 문제는? 바로 우리는 기계가 아닌 '인간'이기 때문에
한꺼번에 많은 내용을 머릿속에 우겨 넣어 봐야 그때 그 순간만 기억할 뿐
시간이 지나면 거의 다 '까먹는다는 것'입니다.

'한꺼번에 많이'보다
'매일매일 꾸준히' 하세요.

까먹지 않고 내 머릿속에 오래도록 각인을 시키려면,
우리의 뇌가 소화할 수 있는 만큼만 공부해 이를 최대한 '반복'해야 합니다.
한 번에 여러 문장을 외웠다 며칠 지나 다 까먹는 악순환을 벗어나,
한 번에 한 문장씩 여러 번 반복하고 직접 써보는 노력을 통해
일본어를 진짜 내 것으로 만드는 것이 제대로 된 방법입니다.

어느새 일본어는
'나의 일부'가 되어있을 겁니다.

자, 이제 과도한 욕심으로 작심삼일로 끝나는 외국어 공부 패턴을 벗어나,
진짜 제대로 된 방법으로 일본어를 공부해 보는 건 어떨까요?

쓰기 수첩 활용법

DAY 001 ___월 ___일

> ### 昨夜は 飲みすぎました。
> _{さくや} _の
>
> ### 어젯밤은 과음했습니다.

① 동사의 'ます형'에 'すぎる'를 붙여서 말하면, '너무/지나치게 ~ 하다(부정적 평가의 뉘앙스)'라는
뜻이 됩니다. 'すぎる'는 2그룹 동사와 같이 활용합니다.

「V(ます형) + すぎる」 = 「너무 ~ 하다」

飲む(마시다) → 飲みすぎました。 = 너무 마셨습니다. (= 과음했습니다.)

飲みすぎて = 과음하고(해서)

② 昨夜 = 어젯밤, 어제 저녁

MP3 듣고 따라 말하며 세 번씩 써보기   mp3 001

①

②

③

응용해서 써본 후 MP3 듣고 따라 말하기   mp3 002

① 오늘은 일을 너무 많이 했습니다. [일하다 = 働く]

→

② 요리가 맛있어서 과식했습니다. [요리 = 料理, 먹다 = 食べる]

→

① 今日は 働きすぎました。

② 料理が おいしくて、食べすぎました。

1 하루 1문장씩 제대로 머릿속에 각인시키기

일본인들이 가장 기본적으로 쓰는 문장을 하루 1개씩, 총 100개 문장을 차근차근 익혀 나가도록 합니다. 각 문장 1개를 통해 일상생활 필수 표현 및 핵심 문형 1개 & 새로운 어휘 2~3개를 함께 익힐 수 있습니다.

2 그날그날 배운 문장 1개 반복해서 써보기

그날그날 배운 문장 1개를 수첩에 반복해서 써보도록 합니다. 문장을 다 써본 후엔 원어민이 직접 문장을 읽고 녹음한 MP3 파일을 듣고 따라 말하며 발음까지 확실히 내 것으로 만들도록 합니다.

3 배운 문장을 활용해 새로운 문장 응용해서 써보기

그날그날 배우고 써봤던 일본어 문형에 다른 어휘들을 집어 넣어 '응용 문장 2개' 정도를 더 써보도록 합니다. 이렇게 함으로써 그날 배운 일본어 문형은 완벽한 내 것이 될 수 있습니다.

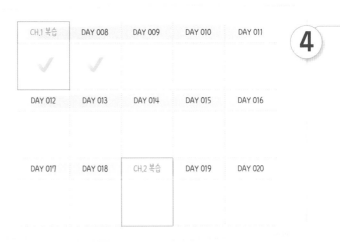

CH.1 복습	DAY 008	DAY 009	DAY 010	DAY 011
✓	✓			

DAY 012	DAY 013	DAY 014	DAY 015	DAY 016

DAY 017	DAY 018	CH.2 복습	DAY 019	DAY 020

④

⑤

기초문장 100

중급문장 100

고급문장 100

본 교재는 '고급문장 100'에 해당합니다.

4 매일매일 쓰기를 확실히 끝냈는지 스스로 체크하기

외국어 공부가 작심삼일이 되는 이유 중 하나는 바로 스스로를 엄격히 체크하지 않아서입니다. 매일 쓰기 훈련을 끝마친 후엔 일지에 학습 완료 체크 표시를 하며 쓰기 습관이 느슨해지지 않도록 합니다.

5 '기초-중급-고급'의 단계별 쓰기 훈련 & 유튜브 영상 학습

나의 하루 1줄 일본어 쓰기 수첩은 '기초-중급-고급'으로 구성되어 있어 수준을 단계적으로 높여 가며 일본어를 마스터할 수 있습니다. 또한 학습자들의 편의를 위해 교재의 내용을 저자의 유튜브 영상으로도 학습할 수 있도록 하였습니다. (하단의 QR코드 스캔 시 강의 채널로 이동)

쓰기 수첩 목차

나의쓰기 체크일지

본격적인 '나의 하루 1줄 일본어 쓰기' 학습을 시작하기에 앞서, 수첩을 활용하여 공부를 진행하는 방법 및 '나의 쓰기 체크 일지' 활용 방법을 안내해 드리도록 하겠습니다. 꼭! 읽고 학습을 진행하시기 바랍니다.

 ## 공부 방법

1. 'DAY 1'마다 핵심 일본어 문형 및 문장 1개를 학습합니다.

2. 배운 문장 1개를 MP3를 듣고 따라 말하며 3번씩 써봅니다.

3. 배운 문장 구조를 응용하여 다른 문장 두 개를 작문해 본 다음 MP3를 듣고 따라 말해 봅니다.

4. 또한 챕터 하나가 끝날 때마다 복습 및 작문 테스트를 치러 보며 자신의 일본어 실력을 점검해 봅니다.

5. 이 같이 학습을 진행해 나가면서, '나의 쓰기 체크 일지'에 학습을 제대로 완료했는지 체크(V) 표시를 하도록 합니다.

▶▶▶ START

| Warm Up | DAY 001 | DAY 002 |

| DAY 003 | DAY 004 | DAY 005 | DAY 006 | DAY 007 |

CH.1 복습	DAY 008	DAY 009	DAY 010	DAY 011
DAY 012	DAY 013	DAY 014	DAY 015	DAY 016
DAY 017	DAY 018	CH.2 복습	DAY 019	DAY 020
DAY 021	DAY 022	DAY 023	DAY 024	CH.3 복습
DAY 025	DAY 026	DAY 027	DAY 028	DAY 029
DAY 030	DAY 031	CH.4 복습	DAY 032	DAY 033
DAY 034	DAY 035	DAY 036	DAY 037	DAY 038

DAY 039	DAY 040	DAY 041	CH.5 복습	DAY 042
DAY 043	DAY 044	DAY 045	DAY 046	DAY 047
DAY 048	DAY 049	DAY 050	CH.6 복습	DAY 051
DAY 052	DAY 053	DAY 054	DAY 055	DAY 056
DAY 057	DAY 058	CH.7 복습	DAY 059	DAY 060
DAY 061	DAY 062	DAY 063	DAY 064	DAY 065
CH.8 복습	DAY 066	DAY 067	DAY 068	DAY 069

DAY 070	DAY 071	DAY 072	DAY 073	DAY 074
CH.9 복습	DAY 075	DAY 076	DAY 077	DAY 078
DAY 079	DAY 080	DAY 081	DAY 082	CH.10 복습
DAY 083	DAY 084	DAY 085	DAY 086	DAY 087
DAY 088	DAY 089	DAY 090	DAY 091	CH.11 복습
DAY 092	DAY 093	DAY 094	DAY 095	DAY 096
DAY 097	DAY 098	DAY 099	DAY 100	CH.12 복습

나의 다짐

다짐합니다.

나는 "나의 하루 한 줄 일본어 쓰기 수첩"을

언제 어디서나 휴대하고 다니며

하루 한 문장씩 꾸준히 포기하지 않고

열심히 쓸 것을 다짐합니다.

만약 하루에 한 문장씩 쓰기로 다짐한

이 간단한 약속조차 지키지 못해

다시금 작심삼일이 될 경우,

이는 내 자신의 의지가 이 작은 것도 못 해내는

부끄러운 사람이란 것을 입증하는 것임을 알고,

따라서 내 스스로에게 부끄럽지 않도록

이 쓰기 수첩을 끝까지 쓸 것을

내 자신에게 굳건히 다짐합니다.

_____ 년 ___ 월 ___ 일

이름: _____

WARM UP

고급문장 100개를 익히기 전, 중급문장을
제대로 알고 있는지 가볍게 확인해 봅시다.

① 정중한 의뢰, 지시 및 권유하기

② 순차적인 동작 말하기

③ 동작의 부정, 금지 표현 말하기

④ 허가, 금지, 의무 말하기

⑤ 과거의 행동, 행동의 전후 관계 말하기

⑥ 할 수 있는 것, 못 하는 것 말하기

⑦ 동작의 진행, 결과의 상태 말하기

⑧ 주고받는 행위에 대해 말하기

⑨ 권유, 의지, 예정 말하기

⑩ 보통체(반말체)로 말하기 - 1

⑪ 보통체(반말체)로 말하기 - 2

⑫ 들은 얘기 전달하기, 자신의 생각 말하기

001 　'동사+て'는 '~고, ~서'라는 뜻의 연결 표현. / [3그룹 동사의 て형] 3그룹 동사의 'ます형'과 동일. → 「V(て형)+て ください」 = 「~해 주세요, ~하세요」

<ruby>質問<rt>しつもん</rt></ruby>して ください。　　　　　　　　　질문해 주세요.

002 　[2그룹 동사의 て형] 기본형의 어미 'る'를 없앤 형태이며, 2그룹 동사의 'ます형'과 동일.
→ 「V(て형)+て ください」 = 「~해 주세요, ~하세요」

ゆっくり <ruby>寝<rt>ね</rt></ruby>て ください。　　　　　　　　푹 주무세요.

003 　[1그룹 동사의 て형 (1)] 'す로 끝나는 동사'는 'す'를 'し'로 바꾸고 'て'를 붙임. ('ます형'과 て형이 같음) → 「V(て형)+て ください」 = 「~해 주세요, ~하세요」

ペンを <ruby>貸<rt>か</rt></ruby>して ください。　　　　　　　펜을 빌려주세요.

004 　[1그룹 동사의 て형 (2)] 'う, つ, る로 끝나는 동사'는 'う, つ, る'를 'っ'로 바꾸고 'て'를 붙임.
→ 「V(て형)+て ください」 = 「~해 주세요, ~하세요」

ちょっと <ruby>待<rt>ま</rt></ruby>って ください。　　　　　　잠깐 기다려 주세요.

005 　[1그룹 동사의 て형 (3)] 'く, ぐ로 끝나는 동사'는 'く → い+て, ぐ → い+で'와 같이 바꿈.
→ 「V(て형)+て/で ください」 = 「~해 주세요, ~하세요」

ここに お<ruby>名前<rt>なまえ</rt></ruby>を <ruby>書<rt>か</rt></ruby>いて ください。　　여기에 성함을 써 주세요.

006 　[1그룹 동사의 て형 (4)] 'ぬ, ぶ, む로 끝나는 동사'는 'ぬ, ぶ, む → ん+で'와 같이 바꿈.
→ 「V(て형)+で ください」 = 「~해 주세요, ~하세요」

また <ruby>一緒<rt>いっしょ</rt></ruby>に <ruby>遊<rt>あそ</rt></ruby>んで ください。　　또 함께 놀아 주세요.

007 　「V(て형)+て くださいませんか」 = 「~해 주지 않겠습니까?」

ペンを <ruby>貸<rt>か</rt></ruby>して くださいませんか。　　　펜을 빌려주지 않겠습니까?

「V(ます형)＋ましょう」＝「~합시다」

はな び　み　い
花火を 見に 行きましょう。　　　　　　　불꽃놀이 보러 갑시다.

「V(ます형)＋ましょうか」＝「~할까요?」

はな び　み　い
花火を 見に 行きましょうか。　　　　　불꽃놀이 보러 갈까요?

「V(ます형)＋ませんか」＝「~하지 않겠습니까?」

はな び　み　い
花火を 見に 行きませんか。　　　　　　불꽃놀이 보러 가지 않겠습니까?

---

2. 순차적인 동작 말하기

「V(て형)＋て、~ます」＝「~고/~서, ~합니다」→ (3그룹 동사를 활용했을 시)

か　もの
スーパで 買い物を して、帰ります。　　슈퍼마켓에서 쇼핑을 해서 돌아갑니다.

「V(て형)＋て、~ます」→ (2그룹 동사를 활용했을 시)

ゆ　い　　　ごふん ま
お湯を 入れて、5分 待ちます。　　　　뜨거운 물을 넣고, 5분 기다립니다.

「V(て형)＋て、~ます」→ ('す'로 끝나는 1그룹 동사를 활용했을 시)

おや　はな　　き
親と 話して、決めます。　　　　　　　부모님과 이야기해서 결정합니다.

「V(て형)＋て、~ます」→ ('う, つ, る'로 끝나는 1그룹 동사를 활용했을 시)

とも　　あ　　えいが　み
友だちに 会って、映画を 見ます。　　　친구를 만나서, 영화를 봅니다.

015 「V(て형)＋て、V(て형)＋て ください」＝「～고/～서, ～해 주세요/～하세요」→ ('く, ぐ'로 끝나는 1그룹 동사를 활용했을 시)

よく 聞いて、答えて ください。　　　　잘 듣고, 대답하세요.

016 「V(て형)＋て、V(て형)＋て ください」→ ('ぬ, ぶ, む'로 끝나는 1그룹 동사를 활용했을 시)

この 本を 読んで、感想文を 書いて ください。　이 책을 읽고, 감상문을 쓰세요.

017 「V(て형)＋て、V(て형)＋て、～ます」＝「～고/～서, ～고/～서, ～합니다」

家に 帰って、晩ごはんを 食べて、寝ます。　집에 돌아와서, 저녁밥을 먹고, 잡니다.

3. 동작의 부정, 금지 표현 말하기

018 '동사＋ない'은 '～지 않다, ～지 않을 것이다'라는 뜻의 부정 표현. / [3그룹 동사의 ない형] する(하다) → しない (하지 않다) / くる(오다) → こない(오지 않다)

めったに 料理は しない。　　　　좀처럼 요리는 하지 않는다..

019 [2그룹 동사의 ない형] 기본형의 어미 'る'를 없앤 형태.
(ex) 見る(보다) → 見ない (보지 않다), 食べる(먹다) → 食べない (먹지 않다)

ドラマは ほとんど 見ない。　　　드라마는 거의 보지 않는다.

020 [1그룹 동사의 ない형] 기본형의 어미 'う단(u모음)'을 'あ단(a모음)'으로 바꾼 형태. (단, 'う'로 끝나는 동사는 'わ'로 바뀌며('あ' X) 'ある(있다)'의 부정형은 'あらない'가 아닌 'ない(없다)')

無駄な 物は 買わない。　　　　쓸데없는 물건은 사지 않는다.

「V(ない형) + ないで、~ます」=「~ 지 않고/~ 지 않은 채 ~ 합니다」→ (3그룹 동사를 활용했을 시)

勉強 を しないで、テストを 受けます。　　공부를 하지 않고 시험을 봅니다.

「V(ない형) + ないで、~ます」→ (2그룹 동사를 활용했을 시)

コーヒーに 砂糖を 入れないで、飲みます。　커피에 설탕을 넣지 않고 마십니다.

「V(ない형) + ないで、~ます」→ (1그룹 동사를 활용했을 시)

どこにも 行かないで、家で休みました。　　아무데도 가지 않고 집에서 쉬었습니다.

「V(ない형) + ないで ください」=「~ 지 말아 주세요, ~지 마세요」→ (3그룹 동사를 활용했을 시)

これから 連絡しないで ください。　　　　이제부터 연락하지 말아 주세요.

「V(ない형) + ないで ください」→ (2그룹 동사를 활용했을 시)

恥ずかしいですから、見ないで ください。　창피하니까, 보지 말아 주세요.

「V(ない형) + ないで ください」→ (1그룹 동사를 활용했을 시)

危ないですから、触らないで ください。　　위험하니까, 만지지 말아 주세요.

027 「V(て형)+ても いい」＝「~해도 된다」→「V(て형)+ても いいですか」＝「~해도 됩니까?」

ここに 座(すわ)っても いいですか。　　　　여기에 앉아도 됩니까?

028 「V(て형)+ても いいですか」＝「~해도 됩니까?」(허가를 묻는 표현에 대한 답으로는 'はい、どうぞ(네, 그러세요)', 'すみませんが、~ないで ください(죄송하지만 ~지 말아주세요' 등이 사용될 수 있음)

この 靴(くつ)を はいて みても いいですか。　　　이 구두를 신어 봐도 됩니까?

029 「V(ない형)+なくても いいです」＝「~지 않아도 좋습니다/괜찮습니다/됩니다」

無理(むり)して 食(た)べなくても いいです。　　　무리해서 먹지 않아도 됩니다.

030 「V(て형)+ては いけない」＝「~해서는 안 된다」→「V(て형)+ては いけません」＝「~해서는 안 됩니다」

ここで 写真(しゃしん)を 撮(と)っては いけません。　　　여기에서 사진을 찍으면 안 됩니다.

031 「V(ます형)+ながら V(て형)+ては いけません」＝「~하면서 ~해서는/하면 안됩니다」

歩(ある)きながら スマホを 操作(そうさ)しては いけません。　　걸으면서 스마트폰을 조작해서는 안 됩니다.

032 「V(ない형)+なければ なりません」＝「~해야 합니다」

図書館(としょかん)に 本(ほん)を 返(かえ)さなければ なりません。　　도서관에 책을 반납해야 합니다.

033 「V(ない형)+なければ いけません」＝「~해야 합니다」(개인적/개별적 의무)

図書館(としょかん)に 本(ほん)を 返(かえ)さなければ いけません。　　도서관에 책을 반납해야 합니다.

'동사+た'는 '~었다'라는 '과거, 완료'의 의미를 가진 보통체 표현(정중체는 '~ました')이며, 모든 동사의 'た형'은 'て형'과 활용형이 같음. / [3그룹 동사 た형] する(하다) → した(했다), くる(오다) → きた(왔다)

友だちと 公園を 散歩した。　　　　　　친구와 공원을 산책했다.

[2그룹 동사 た형] 기본형의 어미 'る'를 없앤 형태.

昨日 日本映画を 見た。　　　　　　　　어제 일본 영화를 봤다.

[1그룹 동사 た형] 'す'로 끝나는 동사, 'う, つ, る'로 끝나는 동사, 'く, ぐ'로 끝나는 동사, 'ぬ, ぶ, む'로 끝나는 동사에 따라 활용형이 4가지.

フルマラソンを 走った。　　　　　　　풀 마라톤을 뛰었다.

「(Vた형)+た　Nです」=「~한 ~입니다」

これは 沖縄で 撮った 写真です。　　　이것은 오키나와에서 찍은 사진입니다.

「(Vた형)+た　Nは ~です」=「~한 ~은/는 ~습니다」

昨日 見た 日本映画は とても おもし　　어제 본 일본 영화는 무척 재미있었습
ろかったです。　　　　　　　　　　　니다.

「V(た형)+た ことが あります」=「~한 적이 있습니다」

京都に 行った ことが あります。　　　교토에 간 적이 있습니다.

「V(た형)+た 後て, ~ます」=「~한 후에 ~합니다」

食事を した 後て、歯を 磨きます。　　식사를 한 후에, 이를 닦습니다.

041 「N + の 後で、~ませんか」 = 「~ 후에 ~ 하지 않겠습니까?」

　　食事の 後で、茶を 飲みませんか。　　　식사 후에, 차를 마시지 않겠습니까?

042 「V(て형) + てから ~ます」 = 「~ 하고 나서 ~ 합니다」

　　シャワーを 浴びてから、寝ます。　　　샤워를 하고 나서, 잡니다.

043 「V(기본형) + 前に ~ます」 = 「~ 전에 ~ 합니다」
　　「N + の 前に ~ます」 = 「~ 전에 ~ 합니다」

　　寝る 前に シャワーを 浴びます。　　　자기 전에 샤워를 합니다.

> 6. 할 수 있는 것, 못 하는 것 말하기

---

044 「Nが できる」 = 「~을/를 할 수 있다」

　　ピアノが できます。　　　피아노를 칠 수 있습니다.

045 「V(기본형) + ことが できる」 = 「~할 수 있다」

　　英語を 話す ことができます。　　　영어를 말할 수 있습니다.

046 [3그룹 동사의 가능형] する(하다) → できる(할 수 있다), くる(오다) → こられる(올 수 있다)

　　何時ごろ 来られますか。　　　몇 시쯤 올 수 있습니까?

047 [2그룹 동사의 가능형] 기본형 어미 'る'를 없애고 'られる'를 붙인 형태.

　　納豆が 食べられますか。　　　낫토를 먹을 수 있습니까?

048 [1그룹 동사의 가능형] 기본형의 어미 'う단(u모음)'을 'え단(e모음)'으로 바꾸고 'る'를 붙인 형태.
(1, 2, 3그룹 동사로 만들어진 '가능형 동사'는 모두 '2그룹 동사')

英語が 話せますか。　　　　　　　　　　영어를 말할 수 있습니까?

049 '가능형 동사'는 모두 2그룹 동사의 활용 법칙을 따름. / 「V(ます형)+ません」=「～지 않습니다」(ex) 食べられません。= 먹지 못합니다.

私は 納豆が 食べられません。　　　　나는 낫토를 먹지 못합니다.

050 「V(사전형)+ように なる」=「～하게 되다」/ 이 표현은 가능형 동사와 함께 쓰이는 경우가 많음. (ex) 食べられる ように なる。= 먹을 수 있게 되다.

納豆が 食べられる ように なりました。　낫토를 먹을 수 있게 되었습니다.

051 「V(ない형)+なく なる」=「～지 않게 되다」/ 이 표현이 '가능형 동사의 ない형'과 결합하면 '～할 수 없게 되다'라는 뜻이 됨.

母の 料理が 食べられなく なりました。　어머니의 요리를 먹을 수 없게 되었습니다.

7. 동작의 진행, 결과의 상태 말하기

052 「Nを 타동사(て형)+ている」=「～을/를 ~고 있다」

ハーブティーを 飲んでいます。　　　　허브티를 마시고 있습니다.

053 「Nを 타동사·착용동사(て형)+ている」=「～을/를 ~고 있다」

山田さんは メガネを かけています。　　야마다 씨는 안경을 쓰고 있습니다.

054 「Nが 자동사·계속동사(て형)+ている」=「～이/가 ~고 있다」

子どもが 泣いています。　　　　　　　아이가 울고 있습니다.

055 「Nが 自動詞・瞬間動詞(て형)+て いる」=「~ 이/가 ~ 어 있다」

ドアが 開いて います。 문이 열려 있습니다.

056 '結婚する(결혼하다), 住む(살다), 知る(알다)'의 세 동사는 무조건(동사의 종류에 상관없이) 'て いる'의 형태로 현재의 상태를 나타냄.

彼女は 結婚して います。 그녀는 결혼했습니다.

057 「Nが 他動詞(て형)+て ある」=「~ 이/가 ~ 어 있다」

ドアが 開けて あります。 문이 (누군가에 의해) 열려져 있습니다.

058 「V(て형)+て おく」=「~ 해 두다, ~ 해 놓다」

ドアを 開けて おきました。 문을 열어 두었습니다.

---

8. 주고받는 행위에 대해 말하기

059 「私は/が (받는 사람)に Nを あげる」=「나는/내가 ~ 에게 ~ 을/를 주다」

私は 友だちに ノートパソコンを あげました。 나는 친구에게 노트북을 주었습니다.

060 「(주는 사람 = 나와 가까운 사람)は/が (받는 사람)に Nを あげる」=「~ 은·는/~ 이·가 ~ 에게 ~ 을/를 주다」

姉が 田中さんに 義理チョコを あげました。 누나가 다나카 씨에게 의리초코를 주었습니다.

061 「(주는 사람)は/が 私に Nを くれる」=「~ 은·는/~ 이·가 나에게 ~ 을/를 주다」

友だちが 私に ノートパソコンを くれました。 친구가 나에게 노트북을 주었습니다.

「(주는 사람)は/が (받는 사람 = 나와 가까운 사람)に Nを くれる」=「~은·는/~이·가 ~
에게 ~을/를 주다」

高橋さんが 息子に おもちゃを くれました。　　다카하시 씨가 (내) 아들에게 장난감을
　　　　　　　　　　　　　　　　　　　　　　　주었습니다.

「(받는 사람 = 나/나와 가까운 사람)は/が (주는 사람)に Nを もらう」=「~은·는/~이·가
~에게 ~을/를 주다」

私は 友だちに ノートパソコンを もらいました。　　나는 친구에게 노트북을 받았습니다.

「(주는 사람 = 나/나와 가까운 사람)は/が (받는 사람)に V(て형)+て あげる」=「~은·는/
~이·가 ~에게 ~해 주다」

私は 鈴木さんに 本を 貸して あげました。　　나는 스즈키씨에게 책을 빌려주었습니다.

「(주는 사람 = 타인)は/が (받는 사람 = 나/나와 가까운 사람)に V(て형)+て くれる」
=「~은·는/~이·가 ~에게 ~해 주다」

パクさんが 私に 本を 貸して くれました。　　박 씨가 나에게 책을 빌려주었습니다.

「(받는 사람 = 나/나와 가까운 사람)は/が (주는 사람 = 타인)に V(て형)+て もらう」
=「~은·는/~이·가 ~에게 ~해 받다」

私は パクさんに 本を 貸して もらいました。　　나는 박 씨에게 책을 빌렸습니다.

067 '동사+(よ)う'는 화자의 의지(독백), 친한 사이에서의 권유 표현. / [3그룹 동사의 의지형] する
(하다) → しよう(해야지/하자), くる(오다) → こよう(와야지/오자)

まじめに 勉強(べんきょう)しよう。 　　　　성실히 공부해야지(공부하자).

068 [2그룹 동사의 의지형] 기본형의 어미 'る'를 없앤 후 'よう'를 붙인 형태.

野菜(やさい)を たくさん 食(た)べよう。 　　　　야채를 많이 먹어야지(먹자).

069 [1그룹 동사의 의지형] 기본형의 마지막 음절을 'お단(ㅗ모음)'으로 바꾼 뒤 'う'를 붙인 형태.

そろそろ 帰(かえ)ろう。 　　　　술술 돌아가야지(돌아가자).

070 「V(의지형) + と 思(おも)う」=「~ 하려 한다」

日本(にほん)へ 留学(りゅうがく)しようと 思(おも)います。 　　　　일본에 유학하려고 합니다.

071 「V(의지형) + と 思(おも)っている」=「~ 하려고 생각하고 있다」

山田(やまだ)さんは お酒(さけ)を やめようと 思(おも)って
います。 　　　　야마다 씨는 술을 끊으려고 생각하고
있습니다.

072 「V(기본형) + ようにする」=「~ 하도록 하다」

期限(きげん)を 守(まも)る ようにします。 　　　　기한을 지키도록 하겠습니다.

073 「V(ない형) + ないようにする」=「~ 지 않도록 하다」

これからは 遅刻(ちこく)しないようにします。 　　　　이제부터는 지각하지 않도록 하겠습니다.

「V(기본형) + ように して ください」=「~ 하도록 해 주세요」 (상대에 대한 '충고, 권고'를 나타내는 표현)

できるだけ 野菜を 食べる ように して   가능한 한 야채를 먹도록 해 주세요.
ください。

「V(ない형) + ない ように して ください」=「~ 지 않도록 해 주세요」 (상대에 대한 '충고, 권고'를 나타내는 표현)

外食は しない ように して ください。   외식은 하지 않도록 해 주세요.

「V(기본형) + つもりだ」=「~ 할 예정이다」 ('V(의지형)と 思う' 표현보다 구체적이고 실현 가능성이 높은 경우 사용)

週末に デパートへ 行く つもりです。   주말에 백화점에 갈 예정입니다.

「V(ない형) + ない つもりだ」=「~ 지 않을 예정이다」

今年は 国に 帰らない つもりです。   올해는 고향에 돌아가지 않을 예정입니다.

078　「N + だ」 = 「~ 이다」라는 뜻의 비과거/긍정의 '보통체' 표현이며, '보통체'란 친구나 가까운 사이
　　　에서 사용하는 'です/ます'를 붙이지 않은 문체.

きょう　　やす
今日は 休みだ。　　　　　　　　　　　　　오늘은 휴일이다.

079　「N + じゃ ない」 = 「~ 이/가 아니다, ~이/가 아닌」 (비과거/부정의 '보통체' 표현)

きょう　　やす
今日は 休みじゃ ない。　　　　　　　　　오늘은 휴일이 아니다.

080　「N + だった」 = 「~ 이었다, ~이었던」 (과거/긍정의 '보통체' 표현)

かれ　　はんにん
彼が 犯人だった。　　　　　　　　　　　　그가 범인이었다.

081　「N + じゃ なかった」 = 「~ 이/가 아니었다, ~이/가 아니었던」 (과거/부정의 '보통체' 표현)

かれ　　はんにん
彼は 犯人じゃ なかった。　　　　　　　　그는 범인이 아니었다.

082　동사의 '기본형'은 '~ 하다, ~ 할 것이다(비과거/긍정)'라는 뜻의 '보통체' 표현, 뒤에 오는 명사 수
　　　식. (보통체 회화의 의문문은 의문조사 'か'를 생략하고 문말을 높여서 말함)

いざかや　い
居酒屋、行く。╱　　　　　　　　　　　　이자카야 갈 거야?

083　「V(ない형)+ ない」 = 「~ 지 않다, ~ 지 않는」 (비과거/부정의 '보통체' 표현)

わたし　い
私は 行かない。　　　　　　　　　　　　　나는 가지 않을 거야.

084　「V(た형)+ た」 = 「~ 었다, ~ 었던」 (과거/긍정의 '보통체' 표현)

もとかれ　　れんらく　き
元彼から 連絡が 来た。　　　　　　　　　전 남친에게서 연락이 왔어.

085　「V(ない형)+ なかった」 = 「~ 지 않았다, ~ 지 않은」 (과거/부정의 '보통체' 표현)

でんわ　　で
電話に 出なかった。　　　　　　　　　　　전화를 받지 않았어..

086 「NAだ」=「~ 하다」(비과거/긍정의 '보통체' 표현)

木村さんは 料理が 上手だ。 기무라 씨는 요리를 잘한다.

087 「NAじゃ ない」=「~지 않다, ~지 않은」(비과거/부정의 '보통체' 표현)

山田さんは 料理が 上手じゃ ない。 야마다 씨는 요리를 잘 못한다.

088 「NAだった」=「~ 했다, ~ 했던」(과거/긍정의 '보통체' 표현)

お祭りは にぎやかだった。 축제는 떠들썩했다.

089 「NAじゃ なかった」=「~지 않았다, ~지 않았던」(과거/부정의 '보통체' 표현)

花火は にぎやかじゃなかった。 불꽃놀이는 떠들썩하지 않았다.

090 「Aい」=「~다, ~는」(비과거/긍정의 '보통체' 표현)

どう、おいしい。／ 어때, 맛있어?

091 「Aく ない」=「~지 않다, ~지 않는」(비과거/부정의 '보통체' 표현) / [특수 활용] 'いい'(좋다)가 과거형, 부정형 등으로 활용이 될 경우 어간(A)의 'い'가 'よ'로 바뀜.

ううん、あまり おいしく ない。 아니, 그다지 맛있지 않아.

092 「Aかった」=「~었다, ~었던」(과거/긍정의 '보통체' 표현)

日本語の テストは 難しかった。／ 일본어 시험 어려웠어?

093 「Aく なかった」=「~지 않았다, ~지 않았던」(과거/부정의 '보통체' 표현)

ううん、あまり 難しく なかった。 아니, 그다지 어렵지 않았어.

094 「V(보통체) + そうだ/そうです」=「~라고 한다/합니다」(들은 정보를 전달하는 '전문(伝聞) 표현'/ (ex)雨が [降る / 降った / 降らない / 降らなかった] そうです。= 비가 [온다/왔다/오지 않는다/오지 않았다]고 합니다.)

明日雨が 降るそうです。　　　　　　내일 비가 온다고 합니다.

095 「N(보통체) + そうだ/そうです」=「~라고 한다/합니다」

天気予報に よると、来週から 梅雨だ そうです。　　　　일기예보에 의하면, 다음 주부터 장마 라고 합니다.

096 「な형용사(보통체) + そうだ/そうです」=「~라고 한다/합니다」

部長は カラオケが 好きだそうです。　　부장님은 가라오케를 좋아한다고 합니다.

097 「い형용사(보통체) + そうだ/そうです」=「~라고 한다/합니다」

宇都宮は 餃子が おいしいそうです。　　우쓰노미야는 교자가 맛있다고 합니다.

098 「(보통체/정중체)」+ と 言う/言います = '~'라고 한다/합니다 (직접 인용)

初めて 会った とき、「はじめまして」 と 言います。　　　　처음 만났을 때 '처음 뵙겠습니다'라고 말합니다.

099 「(보통체) + と 言う/言います」=「~라고 한다/합니다」(간접 인용)

お医者さんが 明日は 来なくても いい と 言いました。　　　의사 선생님이 내일은 오지 않아도 된다 고 말했습니다.

100 「(보통체) + と 思う/思います」=「~고 생각한다/생각합니다」

食べ過ぎは 体に よくないと 思います。　　과식은 몸에 좋지 않다고 생각합니다.

CHAPTER 01

동작, 상태의 정도 및
난이도 말하기

昨夜は 飲みすぎました。

어젯밤은 과음했습니다.

① 동사의 'ます형'에 'すぎる'를 붙여서 말하면, '너무/지나치게 ~ 하다(부정적 평가의 뉘앙스)'라는 뜻이 됩니다. 'すぎる'는 2그룹 동사와 같이 활용합니다.

「V(ます형)＋すぎる」=「너무 ~ 하다」

飲む(마시다) → 飲みすぎました。= 너무 마셨습니다. (= 과음했습니다.)

飲みすぎて = 과음하고(해서)

② 昨夜 = 어젯밤, 어제 저녁

MP3 듣고 따라 말하며 세 번씩 써보기　　　　　　　　🎧mp3 001

①

②

③

응용해서 써본 후 MP3 듣고 따라 말하기　　　　　　　　🎧mp3 002

① 오늘은 일을 너무 많이 했습니다. [일하다 = 働く]

→

② 요리가 맛있어서 과식했습니다. [요리 = 料理, 먹다 = 食べる]

→

① 今日は 働きすぎました。

② 料理が おいしくて、食べすぎました。

<ruby>東<rt>とうきょう</rt></ruby>京の <ruby>地下鉄<rt>ち か てつ</rt></ruby>は <ruby>複雑<rt>ふくざつ</rt></ruby>すぎます,

도쿄의 지하철은 너무 복잡합니다.

① な형용사(NAだ)의 어간(NA)에 'すぎる'를 붙여서 말하면, '너무/지나치게 ~ 하다(부정적 평가의
뉘앙스)'라는 뜻이 됩니다.

「NA + すぎる」=「너무 ~ 하다」

<ruby>複雑<rt>ふくざつ</rt></ruby>だ(복잡하다) → <ruby>複雑<rt>ふくざつ</rt></ruby>すぎます。= 너무 복잡합니다.

② <ruby>複雑<rt>ふくざつ</rt></ruby>だ = 복잡하다 (な형용사)

MP3 듣고 따라 말하며 세 번씩 써보기　　　　　　　🎧 mp3 003

①

②

③

응용해서 써본 후 MP3 듣고 따라 말하기　　　　　　🎧 mp3 004

① 그는 너무 착실합니다. [착실하다/성실하다 = <ruby>真面目<rt>ま じ め</rt></ruby>だ]

→

② 이 테스트는 너무 간단합니다. [간단하다 = <ruby>簡単<rt>かんたん</rt></ruby>だ]

→

① <ruby>彼<rt>かれ</rt></ruby>は <ruby>真面目<rt>ま じ め</rt></ruby>すぎます。

② この テストは <ruby>簡単<rt>かんたん</rt></ruby>すぎます

この 辺^{あた}りは 家賃^{や ちん}が 高^{たか}すぎます。

이 근처는 집세가 너무 비쌉니다.

① い형용사(Aだ)의 어간(A)에 'すぎる'를 붙여서 말하면, '너무/지나치게 ~ 하다(부정적 평가의 뉘앙스)'라는 뜻이 됩니다.

「A + すぎる」 = 「너무 ~ 하다」

高^{たか}い(높다, 비싸다) → 高^{たか}すぎます。 = 너무 비쌉니다.

② 辺^{あた}り = 근처/부근, 家賃^{や ちん} = 집세

MP3 듣고 따라 말하며 세 번씩 써보기　　　　　🎧 mp3 005

①

②

③

응용해서 써본 후 MP3 듣고 따라 말하기　　　　　🎧 mp3 006

① 이 쿠키는 너무 달아요. [쿠키 = クッキー, 달다 = 甘^{あま}い]

　　→

② 이건 사이즈가 너무 커요. [사이즈 = サイズ, 크다 = 大^{おお}きい]

　　→

---

① この クッキーは 甘^{あま}すぎます。

② これは サイズが 大^{おお}きすぎます。

この おかゆは 子^こども も、食^たべやすいです。

이 죽은 아이도 먹기 쉽습니다.

① 동사의 'ます형'에 'やすい'를 붙여서 말하면, '~하기 쉽다/편하다'라는 뜻이 됩니다. 'やすい'는
   い형용사와 같이 활용합니다.

   「V(ます형) + やすい」 = 「~ 하기 쉽다/편하다」

   食^たべる(먹다) → 食^たべやすいです。 = 먹기 쉽습니다.

② おかゆ = 죽

MP3 듣고 따라 말하며 세 번씩 써보기   ﾟ mp3 007

①

②

③

응용해서 써본 후 MP3 듣고 따라 말하기   ﾟ mp3 008

① 이 일본어 교재는 이해하기 쉽습니다. [일본어 교재 = 日本語 教 材^{に ほん ご きょうざい}, 이해하다/알다 = 分^わかる]

   →

② 이 유리컵은 깨지기 쉽습니다. [유리컵 = グラス, 깨지다 = 割^われる]

   →

---

① この 日本語 教 材^{に ほん ご きょうざい}は 分^わかりやすいです。

② この グラスは 割^われやすいです。

この 本は 字が 大きくて 読みやすいです。

이 책은 글자가 커서 읽기 쉽습니다.

① 「～ て、V(ます형)やすい」=「～ 해서, ～ 하기 쉽다/편하다」

　　字が 大きくて 読みやすいです。= 글자가 커서 읽기 쉽습니다.

② 字 = 글자, 글씨

MP3 듣고 따라 말하며 세 번씩 써보기 🎧 mp3 009

①

②

③

응용해서 써본 후 MP3 듣고 따라 말하기 🎧 mp3 010

① 이 TV는 화면이 커서 보기 편합니다. [화면 = 画面, 보다 = 見る]

　　→

② 이 가방은 가벼워서 사용하기 편합니다. [가볍다 = 軽い, 사용하다 = 使う]

　　→

> ① この テレビは 画面が 大きくて 見やすいです。
> ② この かばんは 軽くて 使いやすいです。

この 皿^{さら}は 割^われにくいです。

이 접시는 깨지기 어렵습니다.

① 동사의 'ます형'에 'にくい'를 붙여서 말하면, '~ 하기 어렵다, ~ 하기 불편하다'라는 뜻이 됩니다.
'にくい'는 い형용사와 같이 활용합니다.

「V(ます형) + にくい」 = 「~ 하기 어렵다/불편하다」

割^われる(깨지다) → 割^われにくいです。 = 깨지기 어렵습니다(= 잘 깨지지 않습니다).

② 皿^{さら} = 접시

MP3 듣고 따라 말하며 세 번씩 써보기　　　　　　　　🎧 mp3 011

①

②

③

응용해서 써본 후 MP3 듣고 따라 말하기　　　　　　　　🎧 mp3 012

① 이 책은 글자가 작아서 읽기 어렵습니다. [작다 = 小^{ちい}さい]

　→

② 이 가방은 무거워서 사용하기 어렵습니다. [무겁다 = 重^{おも}い]

　→

① この 本^{ほん}は 字^じが 小^{ちい}さくて 読^よみにくいです。
② この かばんは 重^{おも}くて 使^{つか}いにくいです。

とうきょう　ち　か　てつ　　ふくざつ
東京の 地下鉄は 複雑すぎて わかりにくかったです。

도쿄 지하철은 너무 복잡해서 알기 어려웠습니다.

① 「~すぎて V(ます형)にくい」= 「너무 ~ 해서 ~ 하기 어렵다/불편하다」

ふくざつ
複雑すぎて **わかり**にくかったです。= 너무 복잡해서 알기 어려웠습니다.

비과거/긍정	비과거/부정	과거/긍정	과거/부정
~すぎます	~すぎません	~すぎました	~すぎませんでした
~にくいです	~にくく ないです	~にくかったです	~にくく なかったです

MP3 듣고 따라 말하며 세 번씩 써보기　　　🎧 mp3 013

①

②

③

응용해서 써본 후 MP3 듣고 따라 말하기　　　🎧 mp3 014

① 이 구두는 너무 무거워서 걷기 힘듭니다. [걷다 = 歩く]
　　ある

　→

② 이 한자는 너무 복잡해서 외우기 어렵습니다. [한자 = 漢字, 외우다 = 覚える]
　　かん じ　　　　　おぼ

　→

くつ　おも　　　　ある
① この靴は 重すぎて 歩きにくいです。

かん じ　　ふくざつ　　おぼ
② この 漢字は 複雑すぎて 覚えにくいです。

01. 앞서 배운 문형을 복습해 봅시다.

□ 동작 상태의 정도 및 난이도를 나타내는 표현

문형	예문
V(ます형)+すぎる (너무 ~ 하다)	今日は 働きすぎました。 (오늘은 일을 너무 많이 했습니다.)
な형용사(NA)+すぎる (너무 ~ 하다)	彼は まじめすぎます。 (그는 너무 착실합니다.)
い형용사(A)+すぎる (너무 ~ 다)	この クッキーは 甘すぎます。 (이 쿠키는 너무 달아요.)
V(ます형)+やすい (~ 하기 쉽다)	この 日本語教材は わかりやすいです。 (이 일본어교재는 이해하기 쉽습니다.)
V(ます형)+にくい (~ 하기 어렵다)	この 本は 読みにくいです。 (이 책은 읽기 어렵습니다.)

02. 앞서 배운 문장을 일본어로 쓸 수 있는지 테스트를 통해 확인해 보세요.　(정답 p.043)

① 어젯밤은 과음했습니다.

→

② 도쿄 지하철은 너무 복잡합니다.

→

③ 이 근처는 집세가 너무 비쌉니다.

→

④ 이 죽은 아이도 먹기 쉽습니다.

→

⑤ 이 책은 글자가 커서 읽기 쉽습니다.

→

⑥ 이 TV는 화면이 커서 보기 편합니다.

→

⑦ 이 접시는 잘 깨지지 않습니다.

→

⑧ 이 책은 글자가 작아서 읽기 어렵습니다.

→

⑨ 도쿄 지하철은 너무 복잡해서 알기 어려웠습니다.

→

⑩ 이 구두는 너무 무거워서 걷기 힘듭니다.

→

① 昨夜は 飲みすぎました。

② 東京の 地下鉄は 複雑すぎます。

③ この 辺りは 家賃が 高すぎます。

④ この おかゆは 子どもも 食べやすいです。

⑤ この 本は 字が 大きくて、読みやすいです。

⑥ この テレビは 画面が 大きくて 見やすいです。

⑦ この 皿は 割れにくいです。

⑧ この 本は 字が 小さくて 読みにくいです。

⑨ 東京の 地下鉄は 複雑すぎて わかりにくかったです。

⑩ この靴は 重すぎて 歩きにくいです。

MEMO 틀린 문장이 있을 경우 아래에 몇 번씩 반복해서 써보세요.

CHAPTER 02

추측 말하기

あめ ふ
雨が 降りそうです。

비가 올 것 같습니다.

① 동사의 'ます형'에 'そうだ'를 붙여 말하면, '~ 할 것 같다, ~ 할 듯하다'라는 '추측 표현'이 됩니다.

　 이 표현은 주로 겉으로 나타나는 낌새, 인상 등에 근거한 주관적인 예측에 사용됩니다.

② 「V(ます형) + そうだ」 = 「~ 것 같다」

ふ ふ
　 降る(오다, 내리다) → 降りそうです。 = 올 것 같습니다.

MP3 듣고 따라 말하며 세 번씩 써보기　　　　　　　　　　　　　🎧 mp3 015

①

②

③

응용해서 써본 후 MP3 듣고 따라 말하기　　　　　　　　　　　　　🎧 mp3 016

① 셔츠 단추가 떨어질 것 같습니다. [셔츠 = シャツ, 단추 = ボタン, (붙어 있던 것이) 떨어지다

と
　 = 取れる] →

② 주머니에서 지갑이 빠질 것 같습니다. [주머니 = ポケット, 지갑 = 財布, 빠지다/떨어지다
さい ふ

お
　 = 落ちる] →

と
① シャツの ボタンが 取れそうです。

さい ふ お
② ポケットから 財布が 落ちそうです。

^{かれ}彼は いつも ^{ひま}暇そうです。

그는 항상 한가한 것 같습니다.

① な형용사(NAだ)의 어간(NA)에 'そうだ'를 붙여서 말하면, '~ 인(한) 것 같다, ~ 인(한) 듯하다'
라는 추측 표현이 됩니다.

「NA+そうだ」=「~ 인(한) 것 같다, ~ 인(한) 듯하다」

^{ひま}暇だ(한가하다) → ^{ひま}暇そうです。= 한가한 것 같습니다.

② いつも = 항상, 언제나 (부사)

MP3 듣고 따라 말하며 세 번씩 써보기　　　　　　　　　　　　　🎧 mp3 017

①

②

③

응용해서 써본 후 MP3 듣고 따라 말하기　　　　　　　　　　　　　🎧 mp3 018

① 저 두 사람은 행복한 것 같습니다. [두 사람 = ^{ふたり}二人, 행복하다 = ^{しあわ}幸せだ]

　→

② 간호 일은 힘든 것 같습니다. [간호 = ^{かいご}介護, 힘들다 = ^{たいへん}大変だ]

　→

---

① あの ^{ふたり}二人は ^{しあわ}幸せそうです。

② ^{かいご}介護の ^{しごと}仕事は ^{たいへん}大変そうです。

この ケーキは おいしそうです。

이 케이크는 맛있을 것 같습니다.

① い형용사(Aい)의 어간(A)에 'そうだ'를 붙여서 말하면, ' ~ 인(한) 것 같다, ~ 인(한) 듯하다'라는
추측 표현이 됩니다. / 「A + そうだ」 = 「 ~ 인(한) 것 같다, ~ 인(한) 듯하다」
おいしい(맛있다) → おいしそうです。 = 맛있을 것 같습니다.

② [예외] いい(좋다) → よさそうだ(좋을 것 같다)
ない(없다/~지 않다) → なさそうだ(없을 것 같다/~지 않을 것 같다)
おいしくなさそうです。 = 맛없을 것 같습니다.

MP3 듣고 따라 말하며 세 번씩 써보기	🎧 mp3 019

①

②

③

응용해서 써본 후 MP3 듣고 따라 말하기	🎧 mp3 020

① 그는 항상 슬픈 것 같습니다. [항상 = いつも, 슬프다 = 悲しい]

→

② 그녀는 바쁘지 않은 것 같습니다. [바쁘다 = 忙しい]

→

---

① 彼は いつも 悲しそうです。
② 彼女は 忙しく なさそうです。

^{き むら} ^{きょう がっこう} ^こ
木村さんは 今日 学校に 来ないようです。

기무라 씨는 오늘 학교에 오지 않을 것 같습니다.

① 보통체(동사, 형용사, 명사)에 'ようだ'를 붙여서 말하면 '~ 인(한) 것 같다, ~ 인(한) 듯하다'라는
   추측 표현이 되며, 이 표현은 오감을 활용한 종합적/경험적 판단에 근거한 추론에 사용합니다.

② 「V(보통체) + ようだ」 = 「~ 인(한) 것 같다, ~ 인(한) 듯하다」

^{がっこう} ^く ^こ ^き ^こ
学校に [来る/来ない/来た/来なかった] ようです。

= 학교에 [올/오지 않을/온/오지 않은] 것 같습니다.

MP3 듣고 따라 말하며 세 번씩 써보기   🎧 mp3 021

①

②

③

응용해서 써본 후 MP3 듣고 따라 말하기   🎧 mp3 022

① 그는 회사를 그만둘 것 같습니다. [그만두다 = ^や辞める]

→

② 그는 감기에 걸린 것 같습니다. [감기에 걸리다 = ^{か ぜ}風邪を ひく]

→

---

^{かれ} ^{かいしゃ} ^や
① 彼は 会社を 辞めるようです。

^{かれ} ^{か ぜ}
② 彼は 風邪を ひいたようです。

高橋さんは 病気のようです。

다카하시 씨는 병에 걸린 것 같습니다.

① 「N(보통체) + ようだ」 = 「~ 인(한) 것 같다, ~ 인(한) 듯하다」

[病気の*/病気じゃない/病気だった/病気じゃなかった] ようです。

= [병인/병이 아닌/병이었던/병이 아니었던] 것 같습니다.

*위에서 '병에 걸린 것 같습니다'는 '병환인 것 같습니다'라고 해석 가능

② 病気 = 병, 질병

MP3 듣고 따라 말하며 세 번씩 써보기　　　　　　　　　　🎧 mp3 023

①

②

③

응용해서 써본 후 MP3 듣고 따라 말하기　　　　　　　　　🎧 mp3 024

① 아무래도 나의 패배인 것 같습니다. [아무래도 = どうやら, 패배 = 負け]

　　→

② 그는 이 대학의 학생이 아닌 것 같습니다. [대학 = 大学, 학생 = 学生]

　　→

> ① どうやら 私の 負けのようです。
>
> ② 彼は この 大学の 学生じゃないようです。

高橋さんは 料理が 上手なようです。

다카하시 씨는 요리를 잘하는 것 같습니다.

① 「な형용사(보통체) + ようだ」 = 「~ 인(한) 것 같다, ~ 인(한) 듯하다」

[上手な*/上手じゃない/上手だった/上手じゃなかった] ようです。

= [잘하는/잘하지 않는/잘한/잘하지 않았던] 것 같습니다.

② 회화체에서는 'ようだ' 대신 '(보통체)+みたいだ'가 주로 사용됩니다.

MP3 듣고 따라 말하며 세 번씩 써보기　　　　　　　　mp3 025

①

②

③

응용해서 써본 후 MP3 듣고 따라 말하기　　　　　　　　mp3 026

① 저는 운전을 잘 못하는 것 같습니다. [운전 = 運転, 잘 못한다/서툴다 = 下手だ]

→

② 야마다 씨는 의외로 성실한 것 같습니다. [의외로 = 意外に, 성실하다 = 真面目だ]

→

---

① 私は 運転が 下手なようです。

② 山田さんは 意外に 真面目なようです。

あの 店<ruby>みせ</ruby>の カツカレー は おいしいようです。

저 가게의 돈가스 카레는 맛있는 것 같습니다.

① 「い형용사(보통체) + ようだ」 = 「~인(한) 것 같다, ~인(한) 듯하다」

[おいしい/おいしくない/おいしかった/おいしくなかった] ようです。

= [맛있는/맛있지 않은/맛있었던/맛있지 않았던] 것 같습니다.

② カツカレー = 돈가스 카레

MP3 듣고 따라 말하며 세 번씩 써보기　　　　　　　　　　　🎧 mp3 027

①

②

③

응용해서 써본 후 MP3 듣고 따라 말하기　　　　　　　　　　🎧 mp3 028

① 야마다 씨는 오늘 기운이 없는 것 같습니다. [기운/기력 = 元気, 없다 = ない]

　　→

② 저 두 사람은 사이가 나쁜 것 같습니다. [사이 = 仲, 나쁘다 = 悪い]

　　→

---

① 山田さんは 今日 元気が ないようです。

② あの 二人は 仲が 悪いようです。

<ruby>明日<rt>あした</rt></ruby> <ruby>雨<rt>あめ</rt></ruby>が <ruby>降<rt>ふ</rt></ruby>るらしいです。

내일 비가 오는 것 같습니다.

① 보통체(동사, 형용사, 명사)에 'らしい'를 붙여서 말하면 '[1] ~ 인(한) 것 같다, ~ 인(한) 듯하다'라
는 추측 표현, '[2] ~ 라고 한다'라는 전문(伝聞) 표현이 됩니다. 외부 정보, 객관적 근거에 근거해서
추측할 때 사용하며, 판단의 책임이 자신에게는 없다는 뉘앙스를 줍니다.

② 「V(보통체) + らしい」 = 「~ 인(한) 것 같다, ~ 라고 한다」

<ruby>降<rt>ふ</rt></ruby>るらしいです。 = 오는 것 같습니다. / 온다고 합니다.

MP3 듣고 따라 말하며 세 번씩 써보기　　🎧 MP3 029

①

②

③

응용해서 써본 후 MP3 듣고 따라 말하기　　🎧 MP3 030

① 아들이 요리에 흥미가 있는 것 같습니다. [흥미 = <ruby>興味<rt>きょうみ</rt></ruby>]

　→

② 농구 시합은 끝난 것 같습니다. [농구 = バスケ, 시합 = <ruby>試合<rt>しあい</rt></ruby>, 끝나다 = <ruby>終<rt>お</rt></ruby>わる]

　→

① <ruby>息子<rt>むすこ</rt></ruby>が <ruby>料理<rt>りょうり</rt></ruby>に <ruby>興味<rt>きょうみ</rt></ruby>が あるらしいです。

② バスケの <ruby>試合<rt>しあい</rt></ruby>は <ruby>終<rt>お</rt></ruby>わったらしいです。

キムさんは 留守らしいです。

김 씨는 부재중인 것 같습니다.

① 「N(보통체) + らしい」 = 「~ 인(한) 것 같다, ~ 라고 한다」

[留守*/留守じゃない/留守だった/留守じゃなかった] らしいです。

= [부재중인/부재중이 아닌/부재중이었던/부재중이 아니었던] 것 같습니다.

② 留守 = 부재중

MP3 듣고 따라 말하며 세 번씩 써보기　　　　　　🎧 mp3 031

①

②

③

응용해서 써본 후 MP3 듣고 따라 말하기　　　　　　🎧 mp3 032

① 저 사람은 한국인이 아닌 것 같습니다. [한국인 = 韓国人]

　→

② 그는 테니스 선수였던 것 같습니다. [테니스 = テニス, 선수 = 選手]

　→

① あの 人は 韓国人じゃ ないらしいです。
② 彼は テニスの 選手だったらしいです。

彼女は ロック音楽が 好きらしいです。
<small>かのじょ</small>   <small>おんがく</small> <small>す</small>

그녀는 록 음악을 좋아하는 것 같습니다.

① 「な형용사(보통체) + らしい」 = 「~인(한) 것 같다, ~라고 한다」

  [好き*/好きじゃない/好きだった/好きじゃなかった] らしいです。
  <small>す</small> <small>す</small> <small>す</small> <small>す</small>

  = [좋아하는/좋아하지 않는/좋아한/좋아하지 않았던] 것 같습니다.

② ロック音楽 = 록 음악
  <small>おんがく</small>

MP3 듣고 따라 말하며 세 번씩 써보기 🎧 mp3 033

①

②

③

응용해서 써본 후 MP3 듣고 따라 말하기 🎧 mp3 034

① 야마다 씨는 당근을 싫어하는 것 같습니다. [당근 = にんじん, 싫어하다 = きらいだ]

  →

② 이번 시험은 간단한 것 같습니다. [이번 = 今度, 시험 = 試験, 간단하다 = 簡単だ]
  <small>こん ど</small> <small>し けん</small> <small>かんたん</small>

  →

---

① 山田さんは にんじんが きらいらしいです。
  <small>やま だ</small>

② 今度の 試験は 簡単らしいです。
  <small>こん ど</small> <small>し けん</small> <small>かんたん</small>

その 映画は 怖いらしいです。
<ruby>映画<rt>えいが</rt></ruby> <ruby>怖<rt>こわ</rt></ruby>

그 영화는 무서운 것 같습니다.

① 「い형용사(보통체) + らしい」 = 「~ 인(한) 것 같다, ~ 라고 한다」

[怖い/怖くない/怖かった/怖くなかった] らしいです。

= [무서운/무섭지 않은/무서웠던/무섭지 않았던] 것 같습니다.

② 怖い = 무섭다, 두렵다 (い형용사)

MP3 듣고 따라 말하며 세 번씩 써보기	mp3 035

①

②

③

응용해서 써본 후 MP3 듣고 따라 말하기	mp3 036

① 학생 식당은 맛있는 것 같습니다. [학생 식당 = 学食]

→

② 지난주 시험은 어려웠던 것 같습니다. [지난주 = 先週, 어렵다 = 難しい]

→

① 学食は おいしいらしいです。

② 先週の 試験は 難しかったらしいです。

56

01. 앞서 배운 문형을 복습해 봅시다.

□ 세 가지 유형의 추측 표현 총정리

	そうだ	ようだ	らしい
정보	겉으로 나타나는 낌새, 인상 (주관적)	오감을 활용한 종합적 판단이나 경험적 판단 (다소 주관적)	외부 정보, 객관적 근거 (ようだ보다 객관적)
접속형	・동사(ます형) ・な형용사(NA:어간) ・い형용사(A:어간) 단, 명사는 접속하지 않음	보통체 단, 현재 긍정의 경우 ・명사: Nのようだ ・な형용사: NAなようだ	보통체 단, 현재 긍정의 경우 ・명사: Nらしい ・な형용사: NAらしい
활용형	な형용사 활용과 같음 泣きそうな顔 (울 것 같은 얼굴)	な형용사 활용과 같음 悲しいようでした。 (슬픈 것 같았습니다.)	い형용사 활용과 같음 (단, 과거형/부정형은 사용하지 않음) 留守らしくて (부재중인 듯하여)

(정답 p.059)

02. 앞서 배운 문장을 일본어로 쓸 수 있는지 테스트를 통해 확인해 보세요.

① 비가 올 것 같습니다. ('そうだ'로 작문)

→

② 그는 항상 한가한 것 같습니다. ('そうだ'로 작문)

→

③ 이 케이크는 맛있을 것 같습니다. ('そうだ'로 작문)

→

④ 기무라 씨는 오늘 학교에 오지 않는 것 같습니다. ('ようだ'로 작문)

→

⑤ 다카하시 씨는 병환인 것 같습니다/요리를 잘하는 것 같습니다. ('ようだ'로 작문)

→

⑥ 저 가게의 돈가스 카레는 맛있는 것 같습니다. ('ようだ'로 작문)

→

⑦ 내일 비가 오는 것 같습니다. ('らしい'로 작문)

→

⑧ 김 씨는 부재중인 것 같습니다. ('らしい'로 작문)

→

⑨ 그녀는 록 음악을 좋아하는 것 같습니다. ('らしい'로 작문)

→

⑩ 그 영화는 무서운 것 같습니다. ('らしい'로 작문)

→

① 雨が 降りそうです。

② 彼は いつも 暇そうです。

③ この ケーキは おいしそうです。

④ 木村さんは 今日 学校に 来ないようです。

⑤ 高橋さんは 病気のようです/料理が 上手なようです。

⑥ あの 店の カツカレーは おいしいようです。

⑦ 明日 雨が 降るらしいです。

⑧ キムさんは 留守らしいです。

⑨ 彼女は ロック音楽が 好きらしいです。

⑩ その 映画は 怖いらしいです。

MEMO 틀린 문장이 있을 경우 아래에 몇 번씩 반복해서 써보세요.

CHAPTER 03

수동
표현하기

^す ^{ひと} ^{こくはく}
好きな 人に 告白されました。

좋아하는 사람에게 고백받았습니다.

① 수동 표현은 동작, 작용 등에 영향을 받은 사람을 주어로 문장을 기술하는 것을 뜻합니다. 일본어 수동 표현에는 '[1] 직접수동 [2] 간접수동 [3] 소유자수동'이 있습니다. 가장 일반적인 '[1] 직접수동'은 주어가 행위자에게 직접 영향을 받는 경우에 사용하며 행위자 는 주로 に로 나타냅니다.

② 수동형은 동사의 그룹별로 활용형이 다르며, [3그룹 동사의 수동형]은 아래와 같습니다.

- する(하다) → される(되다, 받다)
- くる(오다) → こられる(오게 되다, 오다)

MP3 듣고 따라 말하며 세 번씩 써보기　　　　　　　　　　🎧 mp3 037

①

②

③

응용해서 써본 후 MP3 듣고 따라 말하기　　　　　　　　　　🎧 mp3 038

^{だんせい} ^{しょうかい}
① 친구에게 남성을 <u>소개받았습니다.</u> [남성 = 男性, 소개하다 = 紹介する]

　→

② 크리스마스 파티에 <u>초대받았습니다.</u> [크리스마스 파티 = クリスマスパーティー, 초대하다

^{しょうたい}
= 招待する] →

---

^{とも} ^{だんせい} ^{しょうかい}
① 友だちに 男性を 紹介されました。

^{しょうたい}
② クリスマスパーティーに 招待されました。

^{せんせい}
先生に ほめられました。

선생님에게 칭찬받았습니다.

① [2그룹 동사의 수동형] 기본형의 어미 'る'를 없애고 'られる'를 붙인 형태 (가능형과 형태 동일)

- ほめる(칭찬하다) → ほめ~~る~~ + られる = ほめられる(칭찬받다)
- 見る(보다) → 見~~る~~ + られる = 見られる(보여지다)

② ^{せんせい}先生が (^{わたし}私を) ほめる。   선생님이 (나를) 칭찬하다. [능동문]

(^{わたし}私は) ^{せんせい}先生に ほめられる。 (나는) 선생님에게 칭찬받는다. [수동문]

MP3 듣고 따라 말하며 세 번씩 써보기   🎧 mp3 039

①

②

③

응용해서 써본 후 MP3 듣고 따라 말하기   🎧 mp3 040

① 저는 다나카 씨에게 도움을 받았습니다. [도와주다 = ^{たす}助ける]

→

② 범인은 경찰에게 잡혔습니다. [범인 = ^{はんにん}犯人, 경찰 = ^{けいさつ}警察, 잡다 = つかまえる]

→

---

① ^{わたし}私は ^{た なか}田中さんに ^{たす}助けられました。

② ^{はんにん}犯人は ^{けいさつ}警察に つかまえられました。

^{せんせい} ^{しか}
先生に 叱られました。

선생님에게 혼났습니다.

① [1그룹 동사의 수동형] 기본형의 어미 'う단(u모음)'을 'あ단(a모음)'으로 바꾸고 'れる'를 붙인 형태
(ex) 叱る(ru)(혼내다) → 叱ら(ra)＋れる ＝ 叱られる(혼나다) // 단, 'う'로 끝나는 동사는
'わ'로 바꿈 (ex) 思う(u)(생각하다) → 思わ(wa)＋れる ＝ 思われる(생각되다)

② 先生が (私を) 叱る。　　선생님이 (나를) 혼내다. [능동문]

(私が) 先生に 叱られる。　(내가) 선생님에게 혼나다. [수동문]

MP3 듣고 따라 말하며 세 번씩 써보기　　　　mp3 041

①

②

③

응용해서 써본 후 MP3 듣고 따라 말하기　　　　mp3 042

① 아이가 벌에 쏘였습니다. [벌 ＝ 蜂, 쏘다/찌르다 ＝ 刺す]

→

② 남자친구에게 차였습니다. [남자친구 ＝ 彼氏, 차다 ＝ ふる]

→

① 子どもが 蜂に 刺されました。
② 彼氏に ふられました。

<ruby>雨<rt>あめ</rt></ruby>に 降<rt>ふ</rt>られました、

비를 맞았습니다.

① '[2] 간접수동'은 주어가 어떤 행위/사건의 영향을 간접적으로 받았다는 것을 나타내는 표현으로, 주로 피해를 입는 경우에 사용하기 때문에 '피해수동'이라고도 합니다.

② 한국어에 없는 표현이기 때문에 능동문으로 해석하는 것이 자연스럽습니다.

父<rt>ちち</rt>が 死<rt>し</rt>んだ。 아버지가 돌아가셨다. [능동문]

父<rt>ちち</rt>に 死<rt>し</rt>なれた。 아버지가 돌아가셨다. (그래서 힘겨웠다-좋지 않은 영향) [수동문]

MP3 듣고 따라 말하며 세 번씩 써보기　　　🎧 mp3 043

①

②

③

응용해서 써본 후 MP3 듣고 따라 말하기　　　🎧 mp3 044

① 도둑이 들어와서 곤란했습니다. [도둑 = どろぼう, 들어오다 = 入<rt>はい</rt>る, 곤란하다 = 困<rt>こま</rt>る]

　→

② 밤 늦게 친구가 와서 잘 수 없었습니다. [밤 늦게 = 夜遅<rt>よるおそ</rt>く]

　→

---

① どろぼうに 入<rt>はい</rt>られて、困<rt>こま</rt>りました。

② 夜遅<rt>よるおそ</rt>く 友達<rt>ともだち</rt>に 来<rt>こ</rt>られて、寝<rt>ね</rt>られませんでした。

<ruby>父<rt>ちち</rt></ruby>に <ruby>背中<rt>せなか</rt></ruby>を <ruby>叩<rt>たた</rt></ruby>かれました。

아버지에게 등을 맞았습니다.

① '[3] 소유자수동'은 주어의 신체, 소유물 등이 행위자에게 영향을 받는 경우에 사용하며 행위자는 주로 'に'로 나타냅니다.

<ruby>父<rt>ちち</rt></ruby>が <ruby>私<rt>わたし</rt></ruby>の <ruby>背中<rt>せなか</rt></ruby>を <ruby>叩<rt>たた</rt></ruby>きました。　아버지가 내 등을 때렸습니다. [능동문]

(<ruby>私<rt>わたし</rt></ruby>は) <ruby>父<rt>ちち</rt></ruby>に <ruby>背中<rt>せなか</rt></ruby>を <ruby>叩<rt>たた</rt></ruby>かれました。 (나는) 아버지에게 등을 맞았습니다. [수동문]

② <ruby>背中<rt>せなか</rt></ruby> = 등, <ruby>叩<rt>たた</rt></ruby>く = 때리다 (1그룹 동사)

MP3 듣고 따라 말하며 세 번씩 써보기　mp3 045

①

②

③

응용해서 써본 후 MP3 듣고 따라 말하기　mp3 046

① 지하철에서 누군가에게 발을 밟혔습니다. [지하철 = <ruby>地下鉄<rt>ちかてつ</rt></ruby>, 발 = <ruby>足<rt>あし</rt></ruby>, 밟다 = <ruby>踏<rt>ふ</rt></ruby>む]

→

② 엄마에게 일기를 읽혔습니다. (= 엄마가 내 일기를 읽었습니다.) [일기 = <ruby>日記<rt>にっき</rt></ruby>, 읽다 = <ruby>読<rt>よ</rt></ruby>む]

→

① <ruby>地下鉄<rt>ちかてつ</rt></ruby>で <ruby>誰<rt>だれ</rt></ruby>かに <ruby>足<rt>あし</rt></ruby>を <ruby>踏<rt>ふ</rt></ruby>まれました。

② <ruby>母<rt>はは</rt></ruby>に <ruby>日記<rt>にっき</rt></ruby>を <ruby>読<rt>よ</rt></ruby>まれました。

このアパートは 30年前に 建てられました。
<small>ねんまえ</small> <small>た</small>

이 아파트는 30년 전에 지어졌습니다.

① 행위의 주체가 사람이 아니거나 객관적 사실에 관해 말하는 수동문의 경우에는 '행위자(~에 의해,
~에게)'를 생략해서 표현합니다.

このアパートは 30年前に 建てられました。
<small>ねんまえ</small> <small>た</small>

('아파트가 30년 전에 지어진 것'은 일종의 객관적 사실이므로 행위자가 생략되어 표현됨)

② アパート = 아파트, 建てる = 짓다, 세우다 (2그룹 동사)

MP3 듣고 따라 말하며 세 번씩 써보기　　　　　🎧 mp3 047

①

②

③

응용해서 써본 후 MP3 듣고 따라 말하기　　　　　🎧 mp3 048

① 졸업식은 2월에 시행됩니다. [졸업식 = 卒業式, 시행하다 = 行う]
<small>そつぎょうしき</small> <small>おこな</small>

　→

② 1988년 올림픽은 서울에서 열렸습니다. [올림픽 = オリンピック, 서울 = ソウル, 열다/개최하다

= 開く] →
<small>ひら</small>

---

① 卒業式は 2月に 行われます。
<small>そつぎょうしき</small> <small>に がつ</small> <small>おこな</small>

② 1 9 8 8年の オリンピックは ソウルで 開かれました。
<small>せんきゅうひゃくはちじゅうはちねん</small> <small>ひら</small>

01. 앞서 배운 문형을 복습해 봅시다.

☐ 동사 그룹별 수동형 & 수동형 활용 연습

동사의 종류	기본형		수동형
1그룹	書く (ku)(쓰다) 読む(mu)(읽다)	→ 書か(ka)+れる → 読ま(ma)+れる	= 書かれる(쓰이다) = 読まれる(읽히다)
2그룹	見る(보다) 食べる(먹다)	→ 見る+られる → 食べる+られる	= 見られる(보여지다) = 食べられる(먹히다)
3그룹	する(하다) くる(오다)		= される(되다, 받다) = こられる(오게 되다, 오다)

1그룹 동사		2그룹 동사	
会う(만나다)	会われる	見る(보다)	見られる
思う(생각하다)		寝る(자다)	
泣く(울다)		起きる(일어나다)	
書く(쓰다)		助ける(돕다)	
泳ぐ(헤엄치다)		ほめる(칭찬하다)	
押す(밀다)		教える(가르치다)	
話す(이야기하다)		**3그룹 동사**	
待つ(기다리다)		する(하다)	
死ぬ(죽다)		くる(오다)	
呼ぶ(부르다)		告白する(고백하다)	
読む(읽다)		紹介する(소개하다)	
作る(만들다)			

*정답은 다음 페이지에서 확인

68

(정답) 1그룹 동사 수동형

思_{おも}われる　　泣_なかれる　　書_かかれる　　泳_{およ}がれる　　押_おされる　　話_{はな}される
待_またれる　　死_しなれる　　呼_よばれる　　読_よまれる　　作_{つく}られる

(정답) 2그룹 동사 수동형

寝_ねられる　　起_おきられる　　助_{たす}けられる　　ほめられる　　教_{おし}えられる

(정답) 3그룹 동사 수동형

される　　　　こられる　　　告白_{こくはく}される　　紹介_{しょうかい}される

□ 일본어 수동 표현

수동문의 종류	예문
[1] 직접수동	私_{わたし}は先生_{せんせい}にほめられました。 (나는 선생님에게 칭찬받았습니다.)
[2] 간접수동(피해수동)	私_{わたし}は)雨_{あめ}に降_ふられました。 (나는 비를 맞았습니다. - 비를 맞는 피해)
[3] 소유자수동	私_{わたし}は父_{ちち}に背中_{せなか}を叩_{たた}かれました。 (나는 아버지에게 등을 맞았습니다.)

02. 앞서 배운 문장을 일본어로 쓸 수 있는지 테스트를 통해 확인해 보세요. (정답 p.071)

① 좋아하는 사람에게 고백받았습니다.

　　→

② 친구에게 남성을 소개받았습니다.

　　→

③ 선생님에게 칭찬받았습니다.

　　→

④ 저는 다나카 씨에게 도움을 받았습니다.

　　→

⑤ 선생님에게 혼났습니다.

　　→

⑥ 아이가 벌에 쏘였습니다.

　　→

⑦ 비를 맞았습니다.

　　→

⑧ 도둑이 들어와서 곤란했습니다.

　　→

⑨ 아버지에게 등을 맞았습니다.

　　→

⑩ 이 아파트는 30년 전에 지어졌습니다.

　　→

① 好きな 人に 告白されました。

② 友だちに 男性を 紹介されました。

③ 先生に ほめられました。

④ 私は 田中さんに 助けられました。

⑤ 先生に 叱られました。

⑥ 子どもが 蜂に 刺されました。

⑦ 雨に 降られました。

⑧ どろぼうに 入られて、困りました。

⑨ 父に 背中を 叩かれました。

⑩ この アパートは 30年前に 建てられました。

MEMO 틀린 문장이 있을 경우 아래에 몇 번씩 반복해서 써보세요.

CHAPTER 04

사역
표현하기

私は 子どもに 部屋を 掃除させました。
<small>わたし</small> <small>こ</small> <small>へ や</small> <small>そう じ</small>

나는 아이에게 방을 청소하게 했습니다.

① 사역 표현이란 주어가 남에게 어떤 행위를 시킨다/허용한다는 것을 나타내는 표현입니다. 피사역자

(시킨 행동을 하는 사람)는 타동사 사역문에서 '에'로, 자동사 사역문에서 '을'나 '에' 로 나타냅니다.

② 사역형은 동사의 그룹별로 활용형이 다릅니다.

[3그룹 동사의 사역형]

· する(하다) → させる(하게 하다, 시키다)

· くる(오다) → こさせる(오게 하다)

MP3 듣고 따라 말하며 세 번씩 써보기   ○ mp3 049

①

②

③

응용해서 써본 후 MP3 듣고 따라 말하기   ○ mp3 050

① 선생님은 학생에게 회화 연습을 시켰습니다. [회화 연습 = 会話の練習]
<small>かい わ</small> <small>れんしゅう</small>

　→

② 나는 야마다 씨에게 서류를 갖고 오게 했습니다. [서류 = 書類, 갖고 오다 = 持ってくる]
<small>も</small>

　→

---

① 先生は 学生に 会話の練習 を させました。
<small>せんせい</small> <small>がくせい</small> <small>かい わ</small> <small>れんしゅう</small>

② 私は 山田さんに 書類を 持って こさせました。
<small>わたし</small> <small>やま だ</small> <small>しょるい</small> <small>も</small>

子どもに にんじんを 食^たべさせました。

아이에게 당근을 먹게 했습니다.

① [2그룹 동사의 사역형] 기본형의 어미 'る'를 없애고 'させる'를 붙인 형태

- 食べる(먹다) → 食べ~~る~~ + させる = 食べさせる(먹게 하다)
- 見る(보다) → 見~~る~~ + させる = 見させる(보게 하다)

② 子どもが にんじんを 食べる。 아이가 당근을 먹는다. [타동사 기본문]

私^{わたし}は 子どもに にんじんを 食べさせる。 나는 아이에게 당근을 먹게 한다. [타동사 사역문]

MP3 듣고 따라 말하며 세 번씩 써보기 🎧 mp3 051

①

②

③

응용해서 써본 후 MP3 듣고 따라 말하기 🎧 mp3 052

① 아이에게 한자를 외우게 했습니다. [한자 = 漢字^{かん じ}, 외우다 = 覚^{おぼ}える]

→

② 남편에게 담배를 끊게 했습니다. [남편 = 旦那^{だん な}, 끊다/그만두다 = やめる]

→

---

① 子どもに 漢字^{かん じ}を 覚^{おぼ}えさせました。

② 旦那^{だん な}に たばこを やめさせました。

<table>
<tr><td></td></tr>
</table>

^{かんとく} ^{せんしゅ} ^{はし}
監督は 選手を 走らせました。

감독님은 선수를 달리게 했습니다.

① [1그룹 동사의 사역형] 기본형의 어미 'う단(u모음)'을 'あ단(a모음)'으로 바꾸고 'せる'를 붙인 형
태 (단, 'う'로 끝나는 동사는 'わ'로 바꿈)

- 走^{はし}る(ru)(달리다) → 走^{はし}ら(ra) + せる = 走^{はし}らせる(달리게 하다)
- 通^{かよ}う(u)(다니다) → 通^{かよ}わ(wa) + せる = 通^{かよ}わせる(다니게 하다)

② 자동사 사역문은 보통 피사역자(시킨 행동을 하는 사람)를 'を'나 'に'로 나타낼 수 있습니다.

監督^{かんとく}は [選手^{せんしゅ}を/に] 走^{はし}らせる。 감독은 [선수를/에게] 달리게 하다. [자동사 사역문]

MP3 듣고 따라 말하며 세 번씩 써보기   🎧 mp3 053

① _____

② _____

③ _____

응용해서 써본 후 MP3 듣고 따라 말하기   🎧 mp3 054

① 엄마는 남동생을 학원에 다니게 했습니다. [학원 = 塾^{じゅく}, 다니다 = 通^{かよ}う]

→ _____

② 선생님은 박 씨에게 레포트를 쓰게 했습니다. [레포트 = レポート, 쓰다 = 書^かく]

→ _____

---

① 母^{はは}は 弟^{おとうと}を 塾^{じゅく}に 通^{かよ}わせました。

② 先生^{せんせい}は パクさんに レポートを 書^かかせました。

_{かのじょ} _な
彼女を 泣かせました。

그녀를 울렸습니다.

① 일본어 사역 표현에는 '[1] 강요' 이외에 '[2] 유발, [3] 허가' 등의 의미가 있습니다. '[2] 유발'은 주어
   가 피사역자의 감정, 기분의 변화를 유발한다는 것을 나타냅니다.

② 감정을 나타내는 자동사를 사용할 경우, 피사역자 뒤에 'を'만을 사용할 수 있습니다.

_{わたし} _{かのじょ} _な
私は 彼女を 泣かせました。 = 나는 그녀를 울렸습니다.

MP3 듣고 따라 말하며 세 번씩 써보기   🎧 mp3 055

①

②

③

응용해서 써본 후 MP3 듣고 따라 말하기   🎧 mp3 056

_{おこ}
① 거짓말을 해서 선생님을 화나게 했습니다. [거짓말을 하다 = うそを つく, 화나다 = 怒る]

   →

_{じょうだん}
② 그는 언제나 농담을 해서 모두를 웃게 합니다. [언제나/항상=いつも, 농담을 하다 = 冗談を

_い
言う, 모두 = みんな, 웃다 = 笑う] →

_{せんせい} _{おこ}
① うそを ついて 先生を 怒らせました。

_{かれ} _{じょうだん} _い _{わら}
② 彼は いつも 冗談を 言って みんなを 笑わせます。

お母_{かあ}さんは 子_こどもを 遊_{あそ}ばせました。

어머니는 아이를 놀게 했습니다.

① 일본어 사역 표현 중 '[3] 허가'는 주어가 피사역자가 원하는 것을 허가한다는 것을 나타냅니다.

② お母_{かあ}さんは 子_こどもを 遊_{あそ}ばせました。= 어머니는 아이를 놀게 했습니다.

위 문장에서 주어인 '어머니'가 피사역자인 '아이'를 놀게 한다는 것은, 놀기를 원하는 아이에게 노는
것을 허가한다는 의미라 생각할 수 있습니다.

MP3 듣고 따라 말하며 세 번씩 써보기 ⌒ mp3 057

①

②

③

응용해서 써본 후 MP3 듣고 따라 말하기 ⌒ mp3 058

① 감독님은 (선수가 원했기 때문에) 선수를 쉬게 했습니다. [쉬다 = 休_{やす}む]

　　→

② 아이에게 좋아하는 것을 먹게 합니다. [좋아하는 것 = 好_すきな もの]

　　→

① 監督_{かんとく}は 選手_{せんしゅ}を 休_{やす}ませました。

② 子_こどもに 好_すきな ものを 食_たべさせます。

この雑誌を ちょっと 読ませて ください。

이 잡지를 좀 읽게 해 주세요.

① 동사의 사역형에 'て ください'를 붙이면, '~하게 해 주세요'라는 뜻의 허가를 겸손하게 요구하는 표현이 됩니다.

② 「V(사역형)+て ください」 = 「~하게 해 주세요」

読ませて ください。 = 읽게 해 주세요.

MP3 듣고 따라 말하며 세 번씩 써보기	🎧 mp3 059

①

②

③

응용해서 써본 후 MP3 듣고 따라 말하기	🎧 mp3 060

① 내일 쉬게 해 주세요. [내일 = 明日]

　→

② 오늘은 저에게 식사비를 내게 해 주세요. [식사비 = 食事代, 내다/지불하다 = 払う]

　→

① 明日 休ませて ください。
② 今日は 私に 食事代を 払わせて ください。

^{はや} ^{かえ}
早く 帰らせて もらえますか。

일찍 돌아가도 되겠습니까?

① 동사의 사역형에 'て もらえますか'를 붙이면 '~해도 되겠습니까?(= ~하게 해 주실 수 있습니까?)라는 표현이 되며,' 란 허가를 겸손하게 요구하는 표현이 됩니다. 앞서 배운 '(さ)せて ください'보다 정중도가 높은 표현입니다.

② 「V(사역형)+て もらえますか」 = 「~ 해도 되겠습니까?」

_{かえ}
帰らせて もらえますか。 = 돌아가도 되겠습니까?

MP3 듣고 따라 말하며 세 번씩 써보기　　　　　　　　　　　🎧 mp3 061

①

②

③

응용해서 써본 후 MP3 듣고 따라 말하기　　　　　　　　　　　🎧 mp3 062

① 내일 쉬어도 되겠습니까?

　→

② 조금 더 생각하게 해 줄 수 있나요? [조금 더 = もう ^{すこ}少し, 생각하다 = ^{かんが}考える]

　→

---

① ^{あした}明日 ^{やす}休ませて もらえますか。

② もう ^{すこ}少し ^{かんが}考えさせて もらえますか。

01. 앞서 배운 문형을 복습해 봅시다.

□ 동사 그룹별 사역형 & 사역형 활용 연습

동사의 종류	기본형		사역형
1그룹	書く(ku)(쓰다)	→ 書か(ka)+せる	= 書かせる(쓰게 하다)
	読む(mu)(읽다)	→ 読ま(ma)+せる	= 読ませる(읽게 하다)
2그룹	見る(보다)	→ 見る/+させる	= 見させる(보게 하다)
	食べる(먹다)	→ 食べる/+させる	= 食べさせる(먹게 하다)
3그룹	する(하다)		= させる(하게 하다, 시키다)
	くる(오다)		= こさせる(오게 하다)

1그룹 동사

会う(만나다)　　　　会(あ)会わせる

手伝う(돕다)

歩く(걷다)

書く(쓰다)

泳ぐ(헤엄치다)

貸す(빌려주다)

話す(이야기하다)

待つ(기다리다)

死ぬ(죽다)

遊ぶ(놀다)

読む(읽다)

作る(만들다)

2그룹 동사

見る(보다)　　　　見させる

寝る(자다)

つける(켜다)

起きる(일어나다)

迎える(맞이하다)

教える(가르치다)

3그룹 동사

する(하다)

くる(오다)

勉強する(공부하다)

運動する(운동하다)

*정답은 다음 페이지에서 확인

(정답) 1그룹 동사 사역형

手伝(てつだ)わせる　　歩(ある)かせる　　書(か)かせる　　泳(およ)がせる　　貸(か)させる　　話(はな)させる

待(ま)たせる　　死(し)なせる　　遊(あそ)ばせる　　読(よ)ませる　　作(つく)らせる

(정답) 2그룹 동사 수동형

寝(ね)させる　　つけさせる　　起(お)きさせる　　迎(むか)えさせる　　教(おし)えさせる

(정답) 3그룹 동사 수동형

させる　　こさせる　　勉強(べんきょう)させる　　運動(うんどう)させる

□ 일본어 사역 표현

사역문의 종류	예문
[1] 강요	私(わたし)は 子(こ)どもに にんじんを 食(た)べさせました。 (나는 아이에게 당근을 먹게 했습니다. - 타동사 사역문) 監督(かんとく)は 選手(せんしゅ)を/に 走(はし)らせました。 (감독님은 선수를 달리게 했습니다. - 자동사 사역문)
[2] 유발	私(わたし)は 彼女(かのじょ)を 泣(な)かせました。 (나는 그녀를 울렸습니다.)
[3] 허가	お母(かあ)さんは 子(こ)どもを 遊(あそ)ばせました。 (어머니는 아이를 놀게 했습니다.)

02. 앞서 배운 문장을 일본어로 쓸 수 있는지 테스트를 통해 확인해 보세요.　　(정답 p.084)

① 나는 아이에게 방을 청소하게 했습니다.

　→

② 나는 야마다 씨에게 서류를 갖고 오게 했습니다.

　→

③ 아이에게 당근을 먹게 했습니다.

　→

④ 감독님은 선수를 달리게 했습니다.

　→

⑤ 그녀를 울게 했습니다(울렸습니다).

　→

⑥ 어머니는 아이를 놀게 했습니다.

　→

⑦ 이 잡지를 좀 읽게 해 주세요.

　→

⑧ 내일 쉬게 해 주세요.

　→

⑨ 일찍 돌아가도 되겠습니까?

　→

⑩ 내일 쉬어도 되겠습니까?

　→

① 私は 子どもに 部屋を 掃除させました。

② 私は 山田さんに 書類を 持って こさせました。

③ 子どもに にんじんを 食べさせました。

④ 監督は 選手を 走らせました。

⑤ 彼女を 泣かせました。

⑥ お母さんは 子どもを 遊ばせました。

⑦ この雑誌を ちょっと 読ませて ください。

⑧ 明日 休ませて ください。

⑨ 早く 帰らせて もらえますか。

⑩ 明日 休ませて もらえますか。

MEMO 틀린 문장이 있을 경우 아래에 몇 번씩 반복해서 써보세요.

CHAPTER 05

조건, 가정 말하기 (1)

ここを 押^おすと、お水^{みず}が 出^でます。

여기를 누르면 물이 나옵니다.

① 동사의 비과거 보통체[V기본형/Vない]에 'と'를 붙여서 말하면, '~하면, ~더니'라는 뜻의 조건 표현이 됩니다.

· 押^おす(누르다) → 押^おす + と　　= 押^おすと(누르면)

　　　　　　　　　 → 押さない + と = 押^おさないと(누르지 않으면)

② と의 조건 표현은 と가 붙은 문장의 조건 하에서 반드시 뒤의 문장이 성립한다는 것을 나타내며, 주로 기계 설명, 자연 현상, 길 안내 등에 사용됩니다.

MP3 듣고 따라 말하며 세 번씩 써보기　　　　　　　　　　　🎧 mp3 063

①

②

③

응용해서 써본 후 MP3 듣고 따라 말하기　　　　　　　　　　🎧 mp3 064

① 봄이 되면 벚꽃이 핍니다. [봄 = 春^{はる}, 벚꽃 = 桜^{さくら}, 피다 = 咲^さく]

　→

---

② 이 길을 오른쪽으로 돌면 편의점이 있습니다. [길 = 道^{みち}, 오른쪽 = 右^{みぎ}, 돌다 = 曲^まがる, 편의점 =

コンビニ] →

---

① 春^{はる}に なると、桜^{さくら}が 咲^さきます。

② この 道^{みち}を 右^{みぎ}に 曲^まがると、コンビニが あります。

わたし　いけぶくろ　　い　　　　　　　　　　　　　　　　　　　　　　　　　た
私は 池 袋 へ 行くと、 いつも ラーメンを 食べます。

나는 이케부쿠로에 가면 항상 라면을 먹습니다.

① と의 조건 표현을 사용하면 앞서 배운 '[1] 필연적 조건' 이외에도 '[2] 반복, 습관 / [3] 발견'의 의미
를 나타낼 수 있습니다. '[2] 반복, 습관'은 반복적 현상 및 행위를 나타낼 때 사용합니다.

わたし　いけぶくろ　　い
私は 池 袋 へ 行くと、 いつも ラーメンを 食べます。

위 문장은 이케부쿠로에서 '가면' 라면을 먹는 행위를 항상(반복적으로) 한다는 의미입니다.

いけぶくろ
② 池 袋 = 이케부쿠로 (도쿄 도시마구에 있는 지명)

MP3 듣고 따라 말하며 세 번씩 써보기	🎧 mp3 065

①

②

③

응용해서 써본 후 MP3 듣고 따라 말하기	🎧 mp3 066

　　　　　　　　　　　　　ゆき
① 나는 눈이 오면 스키를 타러 갑니다. [눈 = 雪, 스키 = スキー]

→

　　　　　　　　　　　　　　　　　まいとし　　　　　　　しょうがつ　　　　じっか
② 나는 매해 정월이 되면 본가에 돌아갑니다. [매해 = 毎年, 정월 = お 正 月, 본가 = 実家]

→

わたし　ゆき　ふ
① 私は 雪が 降ると、スキーに 行きます。

わたし　まいとし　　しょうがつ　　　　　じっか　　かえ
② 私は 毎年 お正月に なると、実家に 帰ります。

<ruby>朝<rt>あさ</rt></ruby> <ruby>起<rt>お</rt></ruby>きると、<ruby>雪<rt>ゆき</rt></ruby>が <ruby>積<rt>つも</rt></ruby>って いました。

아침에 일어났더니 눈이 쌓여 있었습니다.

① と의 조건 표현 중 '[3] 발견'은 'と가 붙은 문장의 결과 어떠한 것을 발견했다'는 걸 나타낼 때 사용하며, 과거를 나타내는 문장과 함께 사용합니다. 한국어로는 '~더니, ~하자' 등으로 번역합니다.

<ruby>朝<rt>あさ</rt></ruby> <ruby>起<rt>お</rt></ruby>きると、<ruby>雪<rt>ゆき</rt></ruby>が <ruby>積<rt>つも</rt></ruby>って いました。

위 문장은 '일어나서 눈이 쌓여 있다는 사실을 발견'했다는 의미입니다.

② <ruby>積<rt>つ</rt></ruby>もる = 쌓이다 (1그룹 동사)

MP3 듣고 따라 말하며 세 번씩 써보기　　　　mp3 067

①

②

③

응용해서 써본 후 MP3 듣고 따라 말하기　　　　mp3 068

① 라면 가게에 갔더니 정기 휴일이었습니다. [라면 가게 = ラーメン<ruby>屋<rt>や</rt></ruby>, 정기 휴일 = <ruby>定休日<rt>ていきゅうび</rt></ruby>]

　→

② 집에 돌아왔더니 어머니가 쓰러져 있었습니다. [쓰러지다 = <ruby>倒<rt>たお</rt></ruby>れる]

　→

① ラーメン<ruby>屋<rt>や</rt></ruby>に <ruby>行<rt>い</rt></ruby>くと、<ruby>定休日<rt>ていきゅうび</rt></ruby>でした。
② <ruby>家<rt>いえ</rt></ruby>に <ruby>帰<rt>かえ</rt></ruby>ると、<ruby>母<rt>はは</rt></ruby>が <ruby>倒<rt>たお</rt></ruby>れて いました。

_{てん き}
天気が いいと、 ジョギングに 行_いきます。

날씨가 좋으면 조깅하러 갑니다.

① い형용사의 비과거 보통체[Aい/A く ない]에 'と'를 붙여서 말하면 '~면'이라는 뜻의 と 조건 표현이 됩니다.

* いい(좋다) → いい + と = いいと(좋으면)

  → よく ない + と = よく ないと(좋지 않으면)

② ジョギングに 行_いく = 조깅하러 가다

MP3 듣고 따라 말하며 세 번씩 써보기   🎧 mp3 069

①

②

③

응용해서 써본 후 MP3 듣고 따라 말하기   🎧 mp3 070

① 더우면 땀이 납니다. [덥다 = 暑_{あつ}い, 땀 = 汗_{あせ}, 나다 = 出_でる]

  →

② 돈이 없으면 곤란합니다. [없다 = ない, 곤란하다 = 困_{こま}る]

  →

---

① 暑_{あつ}いと、 汗_{あせ}が 出_でます。

② お金_{かね}が ないと、 困_{こま}ります。

_{あめ} _{さん ぼ} _い
雨だと、散歩に 行けません。

비가 오면 산책하러 갈 수 없습니다.

な형용사, 명사의 비과거 보통체[NA(N)だ/NA(N)じゃ ない]에 'と'를 붙이면 조건 표현이 됩니다.

- 静かだ(조용하다) → 静かだ + と = 静かだと(조용하면)
  → 静かじゃ ない + と = 静かじゃ ないと(조용하지 않으면)
- 雨だ(비이다 = 비가 오다)→ 雨だ + と = 雨だと(비면 = 비가 오면)
  → 雨じゃ ない + と = 雨じゃ ないと(비가 오지 않으면)

MP3 듣고 따라 말하며 세 번씩 써보기 🎧 mp3 071

①

②

③

응용해서 써본 후 MP3 듣고 따라 말하기 🎧 mp3 072

① 방이 조용하면 잘 공부할 수 있습니다. [방 = 部屋, 잘/좋게 =よく]

→

② 70점 이상이면 합격입니다. [점 = 点, 이상 = 以上, 합격 = 合格]

→

① 部屋が 静かだと、よく 勉強できます。
② 70点以上だと、合格です。

DAY 037 ___월 ___일

勉強すれば、人生が変わります。

공부하면 **인생이 바뀝니다.**

① 동사, 형용사 등에 'ば'를 붙이면 '~하면, ~라면'이라는 뜻의 조건 표현이 됩니다. 이 때 동사, 형용사는 어미 활용을 하게 되는데 이것을 '조건형'이라고 합니다.

② 동사의 조건형은 그룹별로 활용형이 다릅니다. 먼저 3그룹 동사의 '조건형'은 다음과 같습니다.

[3그룹 동사의 조건형]

· する(하다) → すれば(하면)

· くる(오다) → くれば(오면)

MP3 듣고 따라 말하며 세 번씩 써보기　　🎧 mp3 073

①

②

③

응용해서 써본 후 MP3 듣고 따라 말하기　　🎧 mp3 074

① 봄이 오면 벚꽃이 핍니다. [봄 = 春, 벚꽃 = 桜, 피다 = 咲く]

　→

② 매일 운동하면 살 빠집니까? [매일 = 毎日, 운동하다 = 運動する, 살 빠지다 = 痩せる]

　→

① 春が 来れば、桜が 咲きます。
② 毎日 運動すれば、痩せますか。

91

<ruby>早<rt>はや</rt></ruby>く <ruby>寝<rt>ね</rt></ruby>れば、<ruby>早<rt>はや</rt></ruby>く <ruby>起<rt>お</rt></ruby>きられます。

일찍 자면 일찍 일어날 수 있습니다.

① [2그룹 동사의 조건형] 기본형의 어미 'る'를 없애고 'れば'를 붙인 형태

· <ruby>寝<rt>ね</rt></ruby>る(자다) → <ruby>寝<rt>ね</rt></ruby>~~る~~ + れば = <ruby>寝<rt>ね</rt></ruby>れば(자면)

· <ruby>見<rt>み</rt></ruby>る(보다) → <ruby>見<rt>み</rt></ruby>~~る~~ + れば = <ruby>見<rt>み</rt></ruby>れば(보면)

② ば 조건 표현은 と의 조건 표현과 같이 '[1] 필연적 조건 [2] 반복, 습관'의 의미를 나타낼 때 사용하며, 이외에 '[3] 가정 조건(만약 ~하다면)'에도 사용할 수 있습니다.

MP3 듣고 따라 말하며 세 번씩 써보기 　　　　　　　　○ mp3 075

①

②

③

응용해서 써본 후 MP3 듣고 따라 말하기 　　　　　　　　○ mp3 076

① 범인은 보면 알 수 있습니다. [범인 = <ruby>犯人<rt>はんにん</rt></ruby>, 알다/알 수 있다 = <ruby>分<rt>わ</rt></ruby>かる]

　　→

② 아침 2시간 일찍 일어나면 인생이 바뀝니다. [아침 = <ruby>朝<rt>あさ</rt></ruby>, 일찍 = <ruby>早<rt>はや</rt></ruby>く]

　　→

---

① <ruby>犯人<rt>はんにん</rt></ruby>は <ruby>見<rt>み</rt></ruby>れば、<ruby>分<rt>わ</rt></ruby>かります。

② <ruby>朝<rt>あさ</rt></ruby> 2<ruby>時間<rt>じかん</rt></ruby> <ruby>早<rt>はや</rt></ruby>く <ruby>起<rt>お</rt></ruby>きれば、<ruby>人生<rt>じんせい</rt></ruby>が <ruby>変<rt>か</rt></ruby>わります。

<ruby>雨<rt>あめ</rt></ruby>が <ruby>降<rt>ふ</rt></ruby>れば、<ruby>試合<rt>し あい</rt></ruby>は <ruby>中止<rt>ちゅう し</rt></ruby>します。

비가 온다면 시합은 중지합니다.

① [1그룹 동사의 조건형] 기본형의 어미 'う단(u모음)'을 'え단(e모음)'으로 바꾸고 'ば'를 붙인 형태

  • <ruby>降<rt>ふ</rt></ruby>る(r)(오다) → <ruby>降<rt>ふ</rt></ruby>れ(re)+ば = <ruby>降<rt>ふ</rt></ruby>れば(오면)

  • <ruby>行<rt>い</rt></ruby>く(k)(가다) → <ruby>行<rt>い</rt></ruby>け(ke)+ば = <ruby>行<rt>い</rt></ruby>けば(가면)

② ば의 조건 표현 중 '[3] 가정 조건(만약 ~하다면)'은 일어날지 모르는 일을 가정하고 말할 때(위와 같이 '만약 비가 온다면'이라고 가정하며 말할 때) 사용합니다.

MP3 듣고 따라 말하며 세 번씩 써보기   077

①

②

③

응용해서 써본 후 MP3 듣고 따라 말하기   078

① 열이 난다면 이 약을 복용하세요. [열 = <ruby>熱<rt>ねつ</rt></ruby>, 약 = <ruby>薬<rt>くすり</rt></ruby>, 복용하다/마시다 = <ruby>飲<rt>の</rt></ruby>む]

  →

② 복권에 당첨된다면 집을 살 겁니다. [복권 = <ruby>8<rt> </rt></ruby>くじ, 당첨되다 = <ruby>当<rt>あ</rt></ruby>たる]

  →

---

① <ruby>熱<rt>ねつ</rt></ruby>が <ruby>出<rt>で</rt></ruby>れば、この <ruby>薬<rt>くすり</rt></ruby>を <ruby>飲<rt>の</rt></ruby>んで ください。

② <ruby>宝<rt>たから</rt></ruby>くじに <ruby>当<rt>あ</rt></ruby>たれば、<ruby>家<rt>いえ</rt></ruby>を <ruby>買<rt>か</rt></ruby>います。

<ruby>明日<rt>あした</rt></ruby> <ruby>天気<rt>てんき</rt></ruby>が よければ、テニスを します。

내일 날씨가 좋으면 테니스를 할 겁니다.

① [い형용사(Aい)의 조건형] 어간(A)에 'ければ'를 붙인 형태

うるさい(시끄럽다) → うるさければ(시끄러우면)

*[특수 활용] 'いい(좋다)'는 'よければ(좋으면)'가 됩니다.

② 형용사, 동사 등에 붙어 부정을 나타내는 'ない' 역시 'なければ'로 활용합니다.

うるさく ない(시끄럽지 않다) → うるさく なければ(시끄럽지 않으면)

MP3 듣고 따라 말하며 세 번씩 써보기	∩ mp3 079

①

②

③

응용해서 써본 후 MP3 듣고 따라 말하기	∩ mp3 080

① 방이 시끄러우면 다른 방으로 옮겨 주세요. [다른 방 = <ruby>他<rt>ほか</rt></ruby>の<ruby>部屋<rt>へや</rt></ruby>, 옮기다 = <ruby>移<rt>うつ</rt></ruby>る]

→

② 수영복이 없으면 풀장에 들어갈 수 없습니다. [수영복 = <ruby>水着<rt>みずぎ</rt></ruby>, 풀장 = プール, 들어가다/들어오다 = <ruby>入<rt>はい</rt></ruby>る] →

① <ruby>部屋<rt>へや</rt></ruby>が うるさければ、<ruby>他<rt>ほか</rt></ruby>の<ruby>部屋<rt>へや</rt></ruby>に <ruby>移<rt>うつ</rt></ruby>って ください。

② <ruby>水着<rt>みずぎ</rt></ruby>が なければ、プールに <ruby>入<rt>はい</rt></ruby>れません。

その人が いい人ならば、一緒に働きたいです。
<ruby>一緒<rt>いっしょ</rt></ruby> <ruby>働<rt>はたら</rt></ruby>

그 사람이 좋은 사람이라면 함께 일하고 싶습니다.

① [な형용사(NAだ)/명사(N)의 조건형] な형용사는 어간(NA)에 'ならば'를 붙인 형태 / 명사는 뒤

에 'ならば'를 붙인 형태

- <ruby>静<rt>しず</rt></ruby>かだ(조용하다) → <ruby>静<rt>しず</rt></ruby>かならば(조용하면)
- <ruby>人<rt>ひと</rt></ruby>だ(사람이다) → <ruby>人<rt>ひと</rt></ruby>ならば(사람이라면)

② (NA/N)ならば에서 ば는 생략되는 경우가 많습니다.

MP3 듣고 따라 말하며 세 번씩 써보기	🎧 mp3 081

①

②

③

응용해서 써본 후 MP3 듣고 따라 말하기	🎧 mp3 082

① 방이 조용하면 잘 공부할 수 있습니다.

→

② 당근이 싫다면 먹지 않아도 됩니다. [싫다 = きらいだ]

→

① <ruby>部屋<rt>へや</rt></ruby>が <ruby>静<rt>しず</rt></ruby>かなら(ば)、よく <ruby>勉強<rt>べんきょう</rt></ruby>できます。

② にんじんが きらいなら(ば)、<ruby>食<rt>た</rt></ruby>べなくても いいです。

01. 앞서 배운 문형을 복습해 봅시다.

□ と와 ば의 접속 형태

품사	と 접속		ば 접속	
동사	行_いくと	/ 行_いかないと	[1그룹] 行_いけば / 行_いかなければ [2그룹] 食べれば / 食べなければ [3그룹] すれば / しなければ くれば / こなければ	
い형용사	いいと	/ よくないと	よければ	/ よくなければ
な형용사	静_{しず}かだと	/ 静_{しず}かじゃないと	静_{しず}かならば	/ 静_{しず}かじゃなければ
명사	雨_{あめ}だと	/ 雨_{あめ}じゃないと	雨_{あめ}ならば	/ 雨_{あめ}じゃなければ

□ 조건형 활용 연습 : 아래의 동사들을 조건형으로 바꾸기

1그룹 동사	2그룹 동사

1그룹 동사

会_あう(만나다) 会(あ)会えば

歩_{ある}く(걷다)

泳_{およ}ぐ(헤엄치다)

話_{はな}す(이야기하다)

待_まつ(기다리다)

死_しぬ(죽다)

遊_{あそ}ぶ(놀다)

読_よむ(읽다)

作_{つく}る(만들다)

歩_{ある}く(걷다)

2그룹 동사

見_みる(보다) 見(み)見れば

寝_ねる(자다)

起_おきる(일어나다)

教_{おし}える(가르치다)

3그룹 동사

する(하다)

くる(오다)

勉強_{べんきょう}する(공부하다)

運動_{うんどう}する(운동하다)

*정답은 다음 페이지에서 확인

歩<ruby>あ</ruby>けば　　泳<ruby>およ</ruby>げば　　話<ruby>はな</ruby>せば　　待<ruby>ま</ruby>てば　　死<ruby>し</ruby>ねば

遊<ruby>あそ</ruby>べば　　読<ruby>よ</ruby>めば　　作<ruby>つく</ruby>れば　　歩<ruby>ある</ruby>けば

寝<ruby>ね</ruby>れば　　　起<ruby>お</ruby>きれば　　教<ruby>おし</ruby>えれば

すれば　　　くれば　　　勉強<ruby>べんきょう</ruby>すれば　　運動<ruby>うんどう</ruby>すれば

□ と와 ば의 용법

	의미	예문
と/ば	필연 조건	春<ruby>はる</ruby>に なると/なれば、桜<ruby>さくら</ruby>が 咲<ruby>さ</ruby>きます。 (봄이 되면 벚꽃이 핍니다.)
	반복, 습관	天気<ruby>てんき</ruby>が いいと/よければ、ジョギングに 行<ruby>い</ruby>きます。 (날씨가 좋으면 조깅하러 갑니다.)
と	발견	朝<ruby>あさ</ruby> 起<ruby>お</ruby>きると、雪<ruby>ゆき</ruby>が 積<ruby>つ</ruby>もって いた。 (아침에 일어났더니 눈이 쌓여 있었다.)
ば	가정 조건	雨<ruby>あめ</ruby>が 降<ruby>ふ</ruby>れば、試合<ruby>しあい</ruby>は 中止<ruby>ちゅうし</ruby>です。 (비가 온다면 시합은 중지합니다.)

02. 앞서 배운 문장을 일본어로 쓸 수 있는지 테스트를 통해 확인해 보세요. (정답 p.099)

① 여기를 누르면 물이 나옵니다. ('と 조건문'으로 작문)

→ _____

② 나는 이케부쿠로에 가면 항상 라면을 먹습니다. ('と 조건문'으로 작문)

→ _____

③ 아침에 일어났더니 눈이 쌓여 있었습니다. ('と 조건문'으로 작문)

→ _____

④ 날씨가 좋으면 조깅하러 갑니다. ('と 조건문'으로 작문)

→ _____

⑤ 비라면(=비가 오면) 산책하러 갈 수 없습니다. ('と 조건문'으로 작문)

→ _____

⑥ 공부하면 인생이 바뀝니다. ('ば 조건문'으로 작문)

→ _____

⑦ 일찍 자면 일찍 일어날 수 있습니다. ('ば 조건문'으로 작문)

→ _____

⑧ 비가 오면 시합은 중지됩니다. ('ば 조건문'으로 작문)

→ _____

⑨ 내일 날씨가 좋으면 테니스를 할 겁니다. ('ば 조건문'으로 작문)

→ _____

⑩ 그 사람이 좋은 사람이라면 함께 일하고 싶습니다. ('ば 조건문'으로 작문)

→ _____

① ここを 押すと、お水が 出ます。

② 私は 池袋へ 行くと、いつも ラーメンを 食べます。

③ 朝 起きると、雪が 積もって いました。

④ 天気が いいと、ジョギングに 行きます。

⑤ 雨だと、散歩に 行けません。

⑥ 勉強すれば、人生が 変わります。

⑦ 早く 寝れば、早く 起きられます。

⑧ 雨が 降れば、試合は 中止します。

⑨ 明日 天気が よければ、テニスを します。

⑩ その人が いい人ならば、一緒に 働きたいです。

MEMO 틀린 문장이 있을 경우 아래에 몇 번씩 반복해서 써보세요.

CHAPTER 06

조건, 가정 말하기 (2)

_{えき} _つ _{れんらく}
駅に 着いたら、連絡して ください。

역에 도착하면 연락해 주세요.

① 동사의 과거 보통체(Vた/Vなかった)에 'ら'를 붙이면, '~하면, ~한다면, ~더니'라는 뜻의 조건
표현이 되며, たら 표현에서는 화자의 주관적 표현(의지, 권유 등)을 자유롭게 나타낼 수 있습니다.

· 着く(도착하다) → 着いた + ら　　= 着いたら(도착하면)

→ 着かなかった + ら = 着かなかったら(도착하지 않으면)

② たら 표현은 주로 회화체에 사용되며, 시간이 지나면 반드시 성립하는 '[1] 확정 조건'과 '[2] 가정
조건, [3] 발견'의 의미를 나타낼 때 사용합니다.

MP3 듣고 따라 말하며 세 번씩 써보기　　🎧 mp3 083

① _____

② _____

③ _____

응용해서 써본 후 MP3 듣고 따라 말하기　　🎧 mp3 084

① 일이 끝나면 맥주 마시러 가자. [일 = 仕事, 끝나다 = 終わる]

　→ _____

② 대학을 졸업하면 일본어 선생님이 되고 싶습니다. [졸업하다 = 卒業する]

　→ _____

① 仕事が 終わったら、ビールを 飲みに 行こう。
② 大学を 卒業したら、日本語の 先生に なりたいです。

_{あめ} _ふ _{し あい} _{ちゅうし}
雨が 降ったら、試合は 中止します。

비가 온다면 시합은 중지합니다.

① たら의 조건 표현 중 '[2] 가정 조건'은 일어날지 모르는 일을 가정하고 말할 때(이를 테면 위와같이
  '만약 비가 온다면'이라고 가정할 때) 사용합니다.

② 가정 조건의 'たら'는 'ば'로 바꿔 쓸 수 있습니다.

_{あめ} _ふ _ふ _{し あい} _{ちゅうし}
雨が 降ったら/降れば 試合は 中止します。

= 비가 온다면 시합은 중지합니다. (가정 조건)

MP3 듣고 따라 말하며 세 번씩 써보기	🎧 mp3 085

①

②

③

응용해서 써본 후 MP3 듣고 따라 말하기	🎧 mp3 086

① 열이 난다면 이 약을 복용하세요. [열 = 熱_{ねつ}, 약 = 薬_{くすり}, 복용하다/마시다 = 飲む_の]

  →

② 복권에 당첨된다면 집을 살 겁니다. [복권 = 宝くじ_{たから}, 당첨되다 = 当たる_あ]

  →

> ① 熱_{ねつ}が 出_でたら、この 薬_{くすり}を 飲_のんで ください。
> ② 宝_{たから}くじに 当_あたったら、家_{いえ}を 買_かいます。

あさ お ゆき つ
朝 起きたら、雪が 積もって いました。

아침에 일어났더니 눈이 쌓여 있었습니다.

① たら의 조건 표현 중 '[3] 발견'은 たら가 붙은 문장의 결과(위에서는 '아침에 일어난' 결과) 어떠한 것(위에서는 '눈이 쌓여 있었다'는 것)을 발견했다는 걸 나타낼 때 사용하며, 과거를 나타내는 문장과 함께 사용합니다.

② 발견의 'たら'는 'と'로 바꿔 쓸 수 있습니다.

あさ お お ゆき つ
朝 起きたら/起きると 雪が 積もって いました。

= 아침에 일어났더니 눈이 쌓여 있었습니다. (발견)

MP3 듣고 따라 말하며 세 번씩 써보기	🎧 mp3 087
①	
②	
③	

응용해서 써본 후 MP3 듣고 따라 말하기	🎧 mp3 088

や てい きゅう び
① 라면 가게에 갔더니 정기 휴일이었습니다. [라면 가게 = ラーメン屋, 정기 휴일 = 定休日]

→

たお
② 집에 돌아왔더니 어머니가 쓰러져 있었습니다. [쓰러지다 = 倒れる]

→

や い てい きゅう び
① ラーメン屋に 行ったら、定休日でした。
いえ かえ はは たお
② 家に 帰ったら、母が 倒れて いました。

暑かったら、クーラーを つけて ください。

더우면 에어컨을 켜세요.

① い형용사(Aい)의 과거 보통체[Aかった/Aくなかった]에 'ら'를 붙이면 '~면, ~다면'이라는 뜻의 조건 표현이 됩니다.

· 暑い(덥다) → 暑かった + ら = 暑かったら(더우면)

　　　　　→ 暑くなかった + ら = 暑くなかったら(덥지 않으면)

② クーラー(cooler) = 에어컨, 냉방 장치

MP3 듣고 따라 말하며 세 번씩 써보기　　🎧 mp3 089

①

②

③

응용해서 써본 후 MP3 듣고 따라 말하기　　🎧 mp3 090

① 추우면 창문을 닫으세요. [춥다 = 寒い, 창문 = 窓]

　→

② 맛있지 않으면 먹지 않아도 됩니다. [~하지 않아도 되다 = Vなくてもいい]

　→

① 寒かったら、窓を 閉めて ください。

② おいしく なかったら、食べなくても いいです。

<ruby>暇<rt>ひま</rt></ruby>だったら、ちょっと <ruby>手伝<rt>て つだ</rt></ruby>って ください。

한가하면 좀 도와주세요.

な형용사(NAだ)/명사(A)의 과거 긍정 보통체[NA(N)だった/NA(N)じゃ なかった]에 'ら'를 붙이면 '~하면, ~하다면'이라는 뜻의 조건 표현이 됩니다.

• <ruby>暇<rt>ひま</rt></ruby>だ(한가하다) → <ruby>暇<rt>ひま</rt></ruby>だった + ら　　 = <ruby>暇<rt>ひま</rt></ruby>だったら(한가하면)

　　　　　　 → <ruby>暇<rt>ひま</rt></ruby>じゃ なかった + ら = <ruby>暇<rt>ひま</rt></ruby>じゃ なかったら(한가하지 않으면)

MP3 듣고 따라 말하며 세 번씩 써보기　　　　　　　　　　　🎧 mp3 091

①

②

③

응용해서 써본 후 MP3 듣고 따라 말하기　　　　　　　　　　🎧 mp3 092

① 야채를 좋아한다면 이 샐러드를 먹으세요. [야채 = <ruby>野菜<rt>や さい</rt></ruby>, 샐러드 = サラダ]

　→

② 내일 비라면(=비가 오면) 캠프는 중지합니다. [캠프 = キャンプ]

　→

① <ruby>野菜<rt>や さい</rt></ruby>が <ruby>好<rt>す</rt></ruby>きだったら、この サラダを <ruby>食<rt>た</rt></ruby>べて ください。

② <ruby>明日<rt>あした</rt></ruby> <ruby>雨<rt>あめ</rt></ruby>だったら、キャンプは <ruby>中止<rt>ちゅうし</rt></ruби>します。

その ソファーを 捨てるなら、私に ください。

그 소파를 버릴 거라면 저 주세요.

① 동사의 비과거 보통체[V기본형/Vない]에 'なら'를 붙이면, '~라면, ~거라면, ~하면' 이라는 뜻의
조건 표현이 됩니다.

- 捨てる(버리다) → 捨てる＋なら ＝ 捨てるなら(버릴 거라면)
  → 捨てない＋なら ＝ 捨てないなら(버리지 않을 거라면)

② なら는 상대방에게 들은 이야기/상황 등을 토대로 의견, 의지, 충고 등 주관적 표현을 나타낼 때 주
로 사용합니다.

MP3 듣고 따라 말하며 세 번씩 써보기　　　　　　　🎧 mp3 093

①

②

③

응용해서 써본 후 MP3 듣고 따라 말하기　　　　　　　🎧 mp3 094

① 슈퍼마켓에 갈 거라면 콜라를 사 와 주세요. [슈퍼마켓 ＝ スーパー, 콜라 ＝ コーラ, 사오다
＝ 買って くる] →

② 부산에 갈 거라면 KTX가 편리합니다. [부산 ＝ 釜山]

　→

---

① スーパーに 行くなら、コーラを 買って きて ください。

② 釜山に 行くなら、KTXが 便利です。

あめ ふ　　　　　 しあい　　ちゅうし
雨が 降るなら、試合は 中止します。

비가 온다면 시합은 중지합니다.

① なら의 조건 표현에는 앞서 배운 '[1] 상대방의 이야기, 상황 등에 대한 판단/의지/충고 표현' 이외
　에도 '[2] 가정 조건(만약 ~하다면), [3] 주제'를 나타낼 때도 사용할 수 있습니다.

② 가정 조건의 경우, 'たら'나 'ば'로 바꿔 쓸 수 있습니다.

　　　　　　 ふ　　　　　　 ふ　　　　　 ふ　　　 しあい ちゅう
　雨が 降るなら/降ったら/降れば 試合は中止します。

　= 비가 온다면 시합은 중지합니다. (가정 조건)

MP3 듣고 따라 말하며 세 번씩 써보기　　　　　　　　　　　🎧 mp3 095

①

②

③

응용해서 써본 후 MP3 듣고 따라 말하기　　　　　　　　　　🎧 mp3 096

　　　　　　　　　　　　　　　　　 よる
① 밤에 열이 난다면 이 약을 복용하세요. [밤에 = 夜に]

　→

② 복권이 당첨된다면 집을 살 겁니다.

　→

よる　ねつ　で　　　　　　 くすり の
① 夜に 熱が 出るなら、この 薬を 飲んで ください。

たから　　 あ　　　　　 いえ か
② 宝くじに 当たるなら、家を 買います。

寒いなら、窓を 閉めましょうか。

추우면 창문을 닫을까요?

い형용사의 비과거 보통체[Aい/Aく ない]에 'なら'를 붙이면 '~면'이라는 뜻의 なら 조건 표현이 됩니다.

寒い(춥다) → 寒い + なら　　= 寒いなら(추우면)

　　　　　→ 寒く ない + なら = 寒く ないなら(춥지 않으면)

MP3 듣고 따라 말하며 세 번씩 써보기　　　🎧 mp3 097

①

②

③

응용해서 써본 후 MP3 듣고 따라 말하기　　　🎧 mp3 098

① 잡채를 먹은 적이 없다면 한번 먹어 보세요. [잡채 = チャプチェ, 한번 = 一度]

　→

② (가격을 듣고) 그렇게 싸다면 꼭 구입하고 싶습니다. [싸다 = 安い, 꼭 = 是非, 구입하다 = 購入 する] →

① チャプチェを 食べた ことが ないなら、一度 食べて みて ください。

② そんなに 安いなら、是非 購入 したいです。

イさんなら 今 図書館に います。

이 씨라면 지금 도서관에 있습니다.

명사, な형용사[NA(N)/NA(N)じゃ ない]에 'なら'를 붙이면 '~라면, ~하다면'이라는 뜻의 なら 조건 표현이 됩니다. 그리고 '명사+なら'의 경우 '[3] 주제의 용법'으로도 사용되며 이때 なら는 조사 は(은/는)의 의미를 갖습니다.

- 好きだ(좋아하다) → 好き + なら　　　 = 好きなら(좋아하면)

　　　　　　　 → 好きじゃ ない + なら　 = 好きじゃ ないなら(좋아하지 않으면)

- イさんなら/は 今 図書館に います。= 이 씨라면/이 씨는 지금 도서관에 있습니다.

MP3 듣고 따라 말하며 세 번씩 써보기　　　　　　　　　　　🎧 mp3 099

①

②

③

응용해서 써본 후 MP3 듣고 따라 말하기　　　　　　　　　　🎧 mp3 100

① 태권도라면 한국이 제일 강합니다. [태권도 = テコンド, 강하다/세다 = 強い]

　→

② 김치를 좋아하지 않는다면 먹지 않아도 됩니다. [김치 = キムチ]

　→

---

① テコンドなら 韓国が 一番 強いです。

② キムチが 好きじゃ ないなら、食べなくても いいです。

01. 앞서 배운 문형을 복습해 봅시다.

□ たら와 なら의 접속 형태

품사	たら 접속		なら 접속	
동사	行ったら	/ 行かなかったら	行くなら	/ 行かないなら
い형용사	よかったら	/ よくなかったら	いいなら	/ よくないなら
な형용사	静かだったら	/ 静かじゃなかったら	静かなら	/ 静かじゃないなら
명사	雨だったら	/ 雨じゃなかったら	雨なら	/ 雨じゃないなら

□ たら와 なら의 용법

	의미	예문
たら/なら	가정 조건	雨が 降ったら/降るなら、試合は 中止します。 (비가 온다면 시합은 중지합니다.)
たら	확정 조건	駅に 着いたら、連絡して ください。 (역에 도착하면 연락해 주세요.)
	발견	朝 起きたら、雪が 積もって いた。 (아침에 일어났더니 눈이 쌓여 있었다.)
なら	상대방의 이야기, 상황 등에 대한 판단, 의지, 충고	そのソファを 捨てるなら、私に ください。 (그 소파를 버릴 거라면 나에게 주세요.)
	주제	イさんなら 今 図書館に います。 (이 씨라면 지금 도서관에 있습니다.)

02. 앞서 배운 문장을 일본어로 쓸 수 있는지 테스트를 통해 확인해 보세요. (정답 p.113)

① 역에 도착하면 연락 주세요. ('たら 조건문'으로 작문)

　→

② 일이 끝나면 맥주 마시러 가자. ('たら 조건문'으로 작문)

　→

③ 비가 온다면 시합은 중지합니다. ('たら 조건문'으로 작문)

　→

④ 아침에 일어났더니 눈이 쌓여 있었습니다. ('たら 조건문'으로 작문)

　→

⑤ 더우면 에어컨을 켜세요. ('たら 조건문'으로 작문)

　→

⑥ 한가하면 좀 도와주세요. ('たら 조건문'으로 작문)

　→

⑦ 그 소파를 버릴 거라면 저에게 주세요. ('なら 조건문'으로 작문)

　→

⑧ 비가 온다면 시합은 중지합니다. ('なら 조건문'으로 작문)

　→

⑨ 추우면 창문을 닫을까요? ('なら 조건문'으로 작문)

　→

⑩ 이 씨라면 지금 도서관에 있습니다. ('なら 조건문'으로 작문)

　→

① 駅に 着いたら、連絡して ください。

② 仕事が 終わったら、ビールを 飲みに 行こう。

③ 雨が 降ったら、試合は 中止します。

④ 朝 起きたら、雪が 積もって いました。

⑤ 暑かったら、クーラーを つけて ください。

⑥ 暇だったら、ちょっと 手伝って ください。

⑦ その ソファーを 捨てるなら、私に ください。

⑧ 雨が 降るなら、試合は 中止します。

⑨ 寒いなら、窓を 閉めましょうか。

⑩ イさんなら 今 図書館に います。

CHAPTER 07

조언
하기

どう したら いいですか。

어떻게 하면 좋습니까?

① '의문사' 뒤에 'V(た형)たら いいですか'를 붙이면, '~하면 좋습니까?'라는 뜻의 조언이나 지시를

　요구하는 표현이 됩니다.

② 「의문사+V(た형)+たら いいですか」 = 「~하면 좋습니까?」

　どう したら いいですか。= 어떻게 하면 좋습니까? [지시 요구]

MP3 듣고 따라 말하며 세 번씩 써보기　　　　　　　　　　　　　mp3 101

①

②

③

응용해서 써본 후 MP3 듣고 따라 말하기　　　　　　　　　　　　mp3 102

① 누구한테 물어보면 좋습니까? [누구 = 誰, 묻다/듣다 = 聞く]

　→

② 이케부쿠로에 가고 싶습니다. 어디에서 갈아타면 좋습니까? [갈아타다 = 乗り換える]

　→

---

① 誰に 聞いたら いいですか。

② 池袋に 行きたいです。どこで 乗り換えたら いいですか。

お<ruby>医者<rt>いしゃ</rt></ruby>さんに <ruby>行<rt>い</rt></ruby>ったら いいです。

의사 선생님에게 가면 좋을 것입니다.

① 'V(た형)たら いい'는 다른 사람에 대한 권유, 제안, 조언을 나타내는 표현으로 한국어로는 '~하면 좋다, ~하는 것이 좋다' 등으로 번역합니다.

② 「V(た형)+たら いい」= 「~하면 좋다, ~하는 것이 좋다」

お<ruby>医者<rt>いしゃ</rt></ruby>さんに <u><ruby>行<rt>い</rt></ruby>っ</u>たら いいです。= 의사 선생님에게 가면 좋을 것입니다.

MP3 듣고 따라 말하며 세 번씩 써보기 ∩ mp3 103

①

②

③

응용해서 써본 후 MP3 듣고 따라 말하기 ∩ mp3 104

① 일본어 선생님에게 물어보면 좋을 것입니다.

→

② 닛뽀리에서 갈아타면 좋을 것입니다. [닛뽀리 = <ruby>日暮里<rt>にっぽり</rt></ruby>]

→

---

① <ruby>日本語<rt>にほんご</rt></ruby>の <ruby>先生<rt>せんせい</rt></ruby>に <ruby>聞<rt>き</rt></ruby>いたら いいです。

② <ruby>日暮里<rt>にっぽり</rt></ruby>で <ruby>乗<rt>の</rt></ruby>り<ruby>換<rt>か</rt></ruby>えたら いいです。

でん わ
電話を したら どうですか。

전화를 하면 어떻겠습니까?

① 'V(た형)たら' 조건 표현에 'どうですか'를 붙이면, 다른 사람에게 어떤 행동을 할 것을 제안, 권유하는 표현이 됩니다.

「V(た형)+たら どうですか」=「~하면 어떻겠습니까?」

でん わ
電話を したら どうですか。= 전화를 하면 어떻겠습니까?

② 막역한 사이에서는 'どうですか'를 생략하고 'V(た형)たら'의 형태로 사용할 수 있습니다.

でん わ
電話を したら。= 전화를 하지 그래?

MP3 듣고 따라 말하며 세 번씩 써보기   🎧 mp3 105

①

②

③

응용해서 써본 후 MP3 듣고 따라 말하기   🎧 mp3 106

① 아르바이트를 그만두면 어떻겠습니까? [아르바이트 = バイト]

    →

② 병원에 가 보면 어떻겠습니까? [병원 = 病院(びょういん)]

    →

---

① バイトを やめたら どうですか。

びょういん い
② 病院に 行って みたら どうですか。

どう すれば いいですか。

어떻게 하면 좋습니까?

① 의문사 뒤에 'V(조건형)ば' 조건 표현에 'いい'를 붙이면, '~하면 좋다, ~하는 것이 좋다'라는 뜻의 다른 사람에 대한 권유, 제안, 조언을 나타내는 표현이 됩니다.

② 이 표현은 '의문사+たら いいですか'로 바꿔 쓸 수 있습니다.

「V(조건형)+ば いい」 = 「~하면 좋다, ~하는 것이 좋다」

どう すれば/したら いいですか。 = 어떻게 하면 좋습니까?

MP3 듣고 따라 말하며 세 번씩 써보기 ∩ mp3 107

① _____

② _____

③ _____

응용해서 써본 후 MP3 듣고 따라 말하기 ∩ mp3 108

① 일본어는 어떻게 공부하면 좋습니까?

→ _____

② 도쿄디즈니리조트에 가고 싶습니다. 어디에서 내리면 좋습니까? [도쿄디즈니리조트 = 東京ディ

ズニーリゾート, 내리다 = 降りる] →

---

① 日本語は どう 勉強すれば いいですか。

② 東京ディズニーリゾートに 行きたいです。どこで 降りれば いいですか。

SNSを やめれば いいと 思^{おも}います。

SNS를 그만두면 좋을 것이라고 생각합니다.

① 'V(조건형)ば いい'는 다른 사람에 대한 권유, 제안, 조언을 나타내는 표현으로 'V(た형)たら いい'과 의미가 같습니다.

「V(조건형)+ば いい」 = 「~하면 좋다, ~하는 것이 좋다」

SNSを やめれば/やめたら いいです。 = SNS를 그만두면 좋습니다.

② 이 표현은 뒤에 'と 思^{おも}う'를 붙여서 사용할 수 있습니다.

「V(조건형)+ば いいと 思^{おも}う」 = 「~하면 좋다고 생각한다」

MP3 듣고 따라 말하며 세 번씩 써보기 ⌒ mp3 109

①

②

③

응용해서 써본 후 MP3 듣고 따라 말하기 ⌒ mp3 110

① 매일 조금씩 공부하면 좋을 것이라고 생각합니다. [매일 = 每日^{まいにち}, 조금 = 少^{すこ}し, 씩 = ずつ]

→

② 마이하마역에 내리면 좋을 것이라고 생각합니다. [마이하마역 = 舞浜駅^{まいはまえき}]

→

① 毎日^{まいにち} 少^{すこ}しずつ 勉強^{べんきょう}すれば いいと 思^{おも}います。

② 舞浜駅^{まいはまえき}で 降^おりれば いいと 思^{おも}います。

お<ruby>酒<rt>さけ</rt></ruby>を やめれば。

술을 끊지 그래?

① V(조건형)ば'의 형태로 문장을 끝내면, 막역한 사이에서 어떤 행동을 할 것을 제안, 권유하는 표현이 됩니다.

② 이 표현은 'V(た형)たら。', 'V(た형)たら どう。'로 바꿔쓸 수 있습니다.

「V(조건형)+ば。」 = 「~하지 그래?, ~하는게 어때?」

お<ruby>酒<rt>さけ</rt></ruby>を やめれば/やめたら。 = 술을 끊지 그래?

MP3 듣고 따라 말하며 세 번씩 써보기　　　　　　　　mp3 111

①

②

③

응용해서 써본 후 MP3 듣고 따라 말하기　　　　　　　　mp3 112

① 회사를 쉬지 그래? [회사 = <ruby>会社<rt>かいしゃ</rt></ruby>, 쉬다 = <ruby>休<rt>やす</rt></ruby>む]

　→

② 그렇게 갖고 싶으면 사지 그래? [그렇게 = そんなに, 갖고 싶다 = ほしい]

　→

---

① <ruby>会社<rt>かいしゃ</rt></ruby>を <ruby>休<rt>やす</rt></ruby>めば。

② そんなに ほしいなら、<ruby>買<rt>か</rt></ruby>えば。

こんばん はや ね ほう
今晩は 早く 寝た 方が いいです。

오늘밤은 일찍 자는 편이 좋습니다.

① 'V(た형)'에 'た 方が いい'를 붙이면 '~하는 편이 좋다'라는 뜻의 제안, 충고 표현이 됩니다.

「V(た형)+た 方が いい」=「~하는 편이 좋다, ~하는 편이 낫다」

はや ね ほう
早く 寝た 方が いいです。= 일찍 자는 편이 좋습니다.

こんばん
② 今晩 = 오늘밤

MP3 듣고 따라 말하며 세 번씩 써보기 ◯ mp3 113

①

②

③

응용해서 써본 후 MP3 듣고 따라 말하기 ◯ mp3 114

かぜ
① 감기일 때는 푹 쉬는 편이 좋습니다. [감기 = 風邪, 때 = とき, 푹 = ゆっくり]

→

かさ も
② 오늘은 우산을 가지고 가는 편이 좋습니다. [우산 = 傘, 갖고 가다 = 持って いく]

→

かぜ やす ほう
① 風邪の ときは ゆっくり 休んだ 方が いいです。

きょう かさ も ほう
② 今日は 傘を 持って いった 方が いいです。

あまり 心配しない 方が いいです。
(しんぱい) (ほう)

별로 걱정하지 않는 편이 좋습니다.

① 'V(ない형)'에 'ない 方が いい'를 붙이면 '~하지 않는 편이 좋다'라는 뜻의 제안, 충고 표현이 됩니다.

「V(ない형)+ない 方が いい」 = 「~하지 않는 편이 좋다, ~하지 않는 편이 낫다」
(ほう)

心配しない 方が いいです。 = 걱정하지 않는 편이 좋습니다.
(しんぱい) (ほう)

② 心配する = 걱정하다 (3그룹 동사)
(しんぱい)

MP3 듣고 따라 말하며 세 번씩 써보기   🎧 mp3 115

①

②

③

응용해서 써본 후 MP3 듣고 따라 말하기   🎧 mp3 116

① 감기일 때는 무리하지 않는 편이 좋습니다. [무리하다 = 無理する]
(む り)

　→

② 여드름은 만지지 않는 편이 좋습니다. [여드름 = ニキビ, 만지다 = 触る]
(さわ)

　→

① 風邪の ときは 無理しない 方が いいです。
(か ぜ) (む り) (ほう)

② にきびは 触らない 方が いいです。
(さわ) (ほう)

01. 앞서 배운 문형을 복습해 봅시다.

□ 일본어 조언, 지시 표현

문형	예문
의문사+Vたら/Nば いいですか (~하면 좋습니까?, ~하는 것이 좋습니까?)	どう したら/すれば いいですか。 (어떻게 하면 좋습니까?)
Vたら/Nば いい (~ 하면 좋다, ~하는 것이 좋다)	お医者さんに 行ったら/行けば いいです。 (의사 선생님에게 가는 것이 좋겠습니다.)
Vたら/Nば (~하지 그래? ~하면 어때?)	お酒を やめたら/やめれば。 (술을 끊지 그래?)
Vた 方が いい (~ 하는 편이 좋다)	今晩は 早く 寝た 方が いいです。 (오늘밤은 일찍 자는 편이 좋습니다.)
Vない 方が いい (~ 하지 않는 편이 좋다)	あまり 心配しない 方が いいです。 (별로 걱정하지 않는 편이 좋습니다.)

	と	ば	たら	なら
필연 조건	○	○	X	X
	春_{はる}に なると/なれば 桜_{さくら}が 咲_さきます。 (봄이 되면 벚꽃이 핍니다.)			
반복, 습관	○	○	X	X
	私_{わたし}は 天気_{てんき}が いいと/よければ ジョギングに 行_いきます。 (저는 날씨가 좋으면 조깅하러 갑니다.)			
가정 조건	X	○	○	○
	雨_{あめ}が 降_ふれば/降_ふったら/降_ふるなら 試合_{しあい}は 中止_{ちゅうし}します。 (비가 온다면 시합은 중지합니다.)			
발견	○	X	○	X
	朝_{あさ} 起_おきると/起_おきたら 雪_{ゆき}が 積_つもって いました。 (아침에 일어났더니 눈이 쌓여 있었습니다.)			
상대의 이야기, 상황에 근거한 판단, 의지, 충고	X	X	X	○
	その ソファを 捨_すてるなら、 私_{わたし}に ください。 (그 소파를 버릴 거라면 저에게 주세요.)			
조언	X	○	○	X
	お酒_{さけ}を やめれば/やめたら。 (술을 끊지 그래?)			

02. 앞서 배운 문장을 일본어로 쓸 수 있는지 테스트를 통해 확인해 보세요.   (정답 p.127)

① 어떻게 하면 좋습니까? ('たら 조건문'으로 작문)

  →

② 누구한테 물어보면 좋습니까? ('たら 조건문'으로 작문)

  →

③ 의사 선생님에게 가면 좋을 것입니다. ('たら 조건문'으로 작문)

  →

④ 전화를 하면 어떻겠습니까? ('たら 조건문'으로 작문)

  →

⑤ 어떻게 하면 좋습니까? ('ば 조건문'으로 작문)

  →

⑥ 일본어는 어떻게 공부하면 좋습니까? ('ば 조건문'으로 작문)

  →

⑦ SNS를 그만두면 좋을 것이라고 생각합니다. ('ば 조건문'으로 작문)

  →

⑧ 술을 끊지 그래? ('ば 조건문'으로 작문)

  →

⑨ 오늘밤은 일찍 자는 편이 좋습니다.

  →

⑩ 별로 걱정하지 않는 편이 좋습니다.

  →

① どう したら いいですか。

② 誰に 聞いたら いいですか。

③ お医者さんに 行ったら いいです。

④ 電話を したら どうですか。

⑤ どう すれば いいですか。

⑥ 日本語は どう 勉強すれば いいですか。

⑦ SNSを やめれば いいと 思います。

⑧ お酒を やめれば。

⑨ 今晩は 早く 寝た 方が いいです。

⑩ あまり 心配しない 方が いいです。

MEMO 틀린 문장이 있을 경우 아래에 몇 번씩 반복해서 써보세요.

CHAPTER 08

명령
하기

^{しず}
静かに しろ。

조용히 해.

① 일본어 명령 표현에는 '[1] 명령형, [2] V(ます형)なさい' 형태가 있습니다. 동사의 '명령형'은 그룹
별로 활용형이 다른데, 먼저 [3그룹 동사의 명령형]은 아래와 같습니다.
  • する(하다) → しろ(해라)
  • くる(오다) → こい(와라)

② 명령 표현은 주로 손윗사람이 손아랫사람에게 어떤 행위를 강요할 때 사용하며, 응원이나 표어 등에도
사용할 수 있습니다.

MP3 듣고 따라 말하며 세 번씩 써보기	∩ mp3 117

①

②

③

응용해서 써본 후 MP3 듣고 따라 말하기	∩ mp3 118

① 이쪽으로 와. [이쪽 = こっち(こちら)]

  →

② 빨리 준비해. [빨리 = 早^{はや}く, 준비하다 = 準備^{じゅんび}する]

  →

① こっちに 来^こい。
② 早^{はや}く 準備^{じゅんび}しろ。

けん か
喧嘩は やめろ。

싸움은 그만둬.

① [2그룹 동사의 명령형] 기본형 어미 'る'를 없애고 'ろ'를 붙인 형태

   • やめる(그만두다) → やめ~~る~~ + ろ = やめろ(그만둬)

   • 起きる(일어나다) → 起き~~る~~ + ろ = 起きろ(일어나라)

② 喧嘩 = 싸움, 다툼

MP3 듣고 따라 말하며 세 번씩 써보기	∩ mp3 119

①

②

③

응용해서 써본 후 MP3 듣고 따라 말하기	∩ mp3 120

① 빨리 일어나.

→

② 현실을 봐라. [현실 = 現実]

→

① 早く 起きろ。
② 現実を 見ろ。

^{がん ば}
頑張れ。

힘내.

① [1그룹 동사의 명령형] 기본형 어미 'う단(u모음)'을 'え단(e모음)'으로 바꾼 형태

- がんば<u>る</u>(ru)(힘내다) → がんば<u>れ</u>(re)(힘내)
- ^ま待<u>つ</u>(tsu)(기다리다) → ^ま待<u>て</u>(te)(기다려)

② ^{がん ば}頑張る = 힘내다, 참고 계속 노력하다, 분발하다 (1그룹 동사)

MP3 듣고 따라 말하며 세 번씩 써보기 🎧 mp3 121

①

②

③

응용해서 써본 후 MP3 듣고 따라 말하기 🎧 mp3 122

① 시간이 없어, 서둘러. [시간 = ^{じ かん}時間, 서두르다 = ^{いそ}急ぐ]

→

② 잠깐만 기다려. [잠깐만 = ちょっと, 기다리다 = ^ま待つ]

→

---

① ^{じ かん}時間が ない、^{いそ}急げ。

② ちょっと ^ま待て。

こっちに 来^きなさい。

이쪽으로 와라.

① 동사의 'ます형'에 'なさい'를 붙이면, '~해라, ~하거라, ~하시오'라는 뜻의 명령 표현이 됩니다.

「V(ます형)+なさい」=「~해라, ~하거라, ~하시오」

[3그룹 동사의 활용 예시]

· する(하다) → しなさい。= 해라.

· くる(오다) → きなさい。= 와라.

② 이 표현은 주로 부모가 자식에게, 선생님이 학생에게 사용합니다.

MP3 듣고 따라 말하며 세 번씩 써보기	∩ mp3 123
①	
②	
③	

응용해서 써본 후 MP3 듣고 따라 말하기	∩ mp3 124

① 조용히 해라.

→

② 정말로 좋아하는 사람이랑 결혼해라. [(이)랑 = と, 결혼 = 結婚^{けっこん}]

→

① 静^{しず}かに しなさい。

② 本当^{ほんとう}に 好^すきな 人^{ひと}と 結婚^{けっこん}しなさい。

早^{はや}く 起^おきなさい。

빨리 일어나라.

「V(ます형)+なさい」 = 「~해라, ~하거라, ~하시오」

[2그룹 동사의 활용 예시]

• 起^おきる(일어나다) → 起^おき~る+なさい → 起^おきなさい。 = 일어나라.

• 食^たべる(먹다)　　→ 食^たべ~る+なさい → 食^たべなさい。 = 먹어라.

MP3 듣고 따라 말하며 세 번씩 써보기	🎧 mp3 125

①

②

③

응용해서 써본 후 MP3 듣고 따라 말하기	🎧 mp3 126

① 싸움은 그만해라. [싸움 = 喧嘩^{けん か}, 그만두다 = やめる]

　→

② 건강을 위해 야채를 먹어라. [건강 = 健康^{けんこう}, 야채 = 野菜^{や さい}]

　→

---

① 喧嘩^{けん か}は やめなさい。

② 健康^{けんこう}の ために 野菜^{や さい}を 食^たべなさい。

て　あら
手を 洗いなさい。

손을 씻어라.

「V(ます형)+なさい」=「~해라, ~하거라, ~하시오」

[1그룹 동사의 활용 예시]

あら　　　　　　　あら　　　　　　　　　あら
• 洗う(u)(씻다) → 洗い(i)+なさい → 洗いなさい。= 씻어라.

すわ　　　　　　　すわ　　　　　　　　　すわ
• 座る(ru)(앉다) → 座り(ri)+なさい → 座りなさい。= 앉아라.

MP3 듣고 따라 말하며 세 번씩 써보기　　　　　　　　　　　🎧 mp3 127

①

②

③

응용해서 써본 후 MP3 듣고 따라 말하기　　　　　　　　　🎧 mp3 128

かえ
① 오늘은 일찍 돌아와라. [돌아오다/돌아가다 = 帰る]

　→

いす
② 의자에 똑바로 앉아라. [의자 = 椅子, 똑바로/정확히 = ちゃんと]

　→

きょう　はや　かえ
① 今日は 早く 帰りなさい。

い　す　　　　　　　すわ
② 椅子に ちゃんと 座りなさい。

二度と 料理するな。

두 번 다시 요리하지 마.

① 동사의 '기본형'에 'な'를 붙이면, '~하지 마, ~하지 말 것'이라는 뜻의 금지 표현이 됩니다. 금지 표현
은 주로 상대방(손아랫사람)에게 어떠한 행위를 하지 못하게 할 때 사용하며, 표지판의 경고 등에 사
용하는 경우도 있습니다.

「V(기본형)+な」 = 「~하지 마, ~하지 말 것」

料理するな。 = 요리하지 마. / 入るな。 = 들어가지 말 것.

② 二度と = 두 번 다시

MP3 듣고 따라 말하며 세 번씩 써보기　　　　🎧 mp3 129

①

②

③

응용해서 써본 후 MP3 듣고 따라 말하기　　　　🎧 mp3 130

① 절대로 포기하지 마. [절대로 = 絶対に, 포기하다 = 諦める]

　　→

② 다른 사람에겐 말하지 마. [다른 사람 = 他の人, 말하다 = 言う]

　　→

---

① 絶対に 諦めるな。

② 他の 人には 言うな。

01. 앞서 배운 문형을 복습해 봅시다.

☐ 동사 그룹별 명령형 & 명령형 활용 연습

동사의 종류	기본형		명령형
1그룹	待つ(tsu)(기다리다)	→ 待て(te)	= 待て(기다려)
	頑張る(ru)(힘내다)	→ 頑張れ(re)	= 頑張れ(힘내)
2그룹	見る(보다)	→ 見る̸+ろ	= 見ろ(봐)
	食べる(먹다)	→ 食べる̸+ろ	= 食べろ(먹어)
3그룹	する(하다)		= しろ(해라)
	くる(오다)		= こい(와라)

1그룹 동사

会う(만나다)　　　　会え

買う(사다)

泣く(울다)

書く(쓰다)

急ぐ(서두르다)

押す(밀다)

話す(이야기하다)

待つ(기다리다)

死ぬ(죽다)

呼ぶ(부르다)

読(よ)む(읽다)

作る(만들다)

2그룹 동사

(예) 見る(보다)　　　　見ろ

寝る(자다)

起きる(일어나다)

食べる(먹다)

やめる(그만두다)

見る(보다)

3그룹 동사

する(하다)

くる(오다)

準備する(준비하다)

結婚する(결혼하다)

*정답은 다음 페이지에서 확인

(정답) 1그룹 동사 명령형

| 買_かえ | 泣_なけ | 書_かけ | 急_{いそ}げ | 押_おせ | 話_{はな}させ |

買え　　　泣け　　　書け　　　急げ　　　押せ　　　話させ
待て　　　死ね　　　呼べ　　　読め　　　作れ

(정답) 2그룹 동사 명령형

寝ろ　　　起きろ　　　食べろ　　　やめろ　　　見ろ

(정답) 3그룹 동사 명령형

しろ　　　こい　　　準備しろ　　　結婚しろ

□ 일본어 명령 표현

명령 표현의 종류	예문
각 동사 그룹별 명령형 (~해, ~할 것)	[3그룹] 静_{しず}かに しろ。(조용히 해.) [2그룹] 喧嘩_{けん か}は やめろ。(싸움은 그만둬.) [1그룹] 頑張_{がん ば}れ。(힘내.)
V(ます형)+なさい (~해라, ~하거라, ~하시오)	手_てを 洗_{あら}いなさい。 (손을 씻어라.)
V(ます형)+な (~하지 마, ~하지 말 것)	絶対_{ぜったい}に 諦_{あきら}めるな。 (절대로 포기하지 마.)

02. 앞서 배운 문장을 일본어로 쓸 수 있는지 테스트를 통해 확인해 보세요.   (정답 p.140)

① 조용히 해. ('명령형'으로 작문)

→ _____

② 싸움은 그만둬. ('명령형'으로 작문)

→ _____

③ 힘내. ('명령형'으로 작문)

→ _____

④ 시간이 없어, 서둘러. ('명령형'으로 작문)

→ _____

⑤ 이쪽으로 와라. ('V(ます형)なさい'로 작문)

→ _____

⑥ 빨리 일어나라. ('V(ます형)なさい'로 작문)

→ _____

⑦ 손을 씻어라. ('V(ます형)なさい'로 작문)

→ _____

⑧ 오늘은 일찍 돌아와라. ('V(ます형)なさい'로 작문)

→ _____

⑨ 두 번 다시 요리하지 마.

→ _____

⑩ 절대로 포기하지 마.

→ _____

① 静かに しろ。

② 喧嘩は やめろ。

③ 頑張れ。

④ 時間が ない、急げ。

⑤ こっちに 来なさい。

⑥ 早く 起きなさい。

⑦ 手を 洗いなさい。

⑧ 今日は 早く 帰りなさい。

⑨ 二度と 料理するな。

⑩ 絶対に 諦めるな。

MEMO 틀린 문장이 있을 경우 아래에 몇 번씩 반복해서 써보세요.

CHAPTER 09

두 개 문장
연결해서 말하기

> <ruby>鈴木<rt>すず き</rt></ruby><ruby>先生<rt>せんせい</rt></ruby>は <ruby>親切<rt>しんせつ</rt></ruby>だし、かっこいいし、おもしろいです。
>
> 스즈키 선생님은 친절하고 멋있고 재미있습니다.

동사, 형용사, 명사의 '보통체/정중체'에 'し'를 붙이면 '~하고, ~해서'라는 뜻의 '[1] 열거, [2] (가벼운) 이유'를 나타내는 표현이 됩니다. 「V/A/N(보통체/정중체)」+ し = 「~하고, ~해서」

[열거] <ruby>鈴木<rt>すず き</rt></ruby><ruby>先生<rt>せんせい</rt></ruby>は <u><ruby>親切<rt>しんせつ</rt></ruby>だし</u>、<u>かっこいいし</u>、おもしろいです。

= 스즈키 선생님은 친절하고 멋있고 재미있습니다.

[이유] <ruby>鈴木<rt>すず き</rt></ruby><ruby>先生<rt>せんせい</rt></ruby>は <u>かっこいいし</u>、<ruby>大好<rt>だい す</rt></ruby>きです。

= 스즈키 선생님은 멋있어서 무척 좋아합니다.

MP3 듣고 따라 말하며 세 번씩 써보기　　　🎧 mp3 131

①

②

③

응용해서 써본 후 MP3 듣고 따라 말하기　　　🎧 mp3 132

① 이 레스토랑은 요리가 맛있고 가격도 쌉니다. [요리 = <ruby>料理<rt>りょう り</rt></ruby>, 가격 = <ruby>値段<rt>ね だん</rt></ruby>, 싸다 = <ruby>安<rt>やす</rt></ruby>い]

　→

② 날씨도 나쁘고 하니 산책은 그만둡시다. [날씨 = <ruby>天気<rt>てん き</rt></ruby>, 산책 = <ruby>散歩<rt>さん ぽ</rt></ruby>]

　→

> ① この レストランは <ruby>料理<rt>りょう り</rt></ruby>が おいしいし(orおいしいですし)、<ruby>値段<rt>ね だん</rt></ruby>も <ruby>安<rt>やす</rt></ruby>いです。
> ② <ruby>天気<rt>てん き</rt></ruby>も <ruby>悪<rt>わる</rt></ruby>いし(or <ruby>悪<rt>わる</rt></ruby>いですし)、<ruby>散歩<rt>さん ぽ</rt></ruby>は やめましょう。

すぐ 戻(もど)って くるから、待(ま)って いて。

곧 돌아올 테니까 기다리고 있어.

① 동사, 형용사 등의 '보통체/정중체' 뒤에 'から'를 붙이면 '~때문에, ~니까'라는 뜻의 원인, 이유를
나타내는 표현이 됩니다.

「V/A/N(보통체/정중체)+から」=「~때문에, ~니까」

すぐ 戻(もど)って くるから、待(ま)って いて。= 곧 돌아올 테니까 기다리고 있어.

② 'から'는 말하는 사람의 주관적 감정이 강하게 반영된 표현으로 이 뒤에는 주로 말하는 사람의 의지,
희망, 명령, 금지 등을 나타내는 문장이 옵니다.

MP3 듣고 따라 말하며 세 번씩 써보기　　　　　　　🎧 mp3 133

①

②

③

응용해서 써본 후 MP3 듣고 따라 말하기　　　　　　　🎧 mp3 134

① 냄비가 뜨거우니까 조심하세요. [냄비 = 鍋(なべ), 뜨겁다 = 熱(あつ)い, 조심하다 = 気(き)をつける]

→

② 김치찌개를 만들었으니까 먹으세요. [김치찌개 = キムチチゲ, 만들다 = 作(つく)る]

→

---

① 鍋(なべ)が 熱(あつ)いですから、気(き)を つけて ください。

② キムチチゲを 作(つく)りましたから、食(た)べて ください。

_{にちよう び}
日曜日ですから、どこか 行きましょう。

일요일이니까 어딘가 갑시다.

① 'から'가 붙은 문장은 보통 '[1] 보통체+から、보통체' 그리고 '[2] 정중체+から、정중체'와 같이
　문체를 일치시킵니다.

　　[1] <u>日曜日</u>だから、どこか <u>行こう</u>。 일요일이니까 어딘가 가자.

　　[2] <u>日曜日</u>ですから、どこか <u>行きましょう</u>。 일요일이니까 어딘가 갑시다.

② どこか = 어딘가

MP3 듣고 따라 말하며 세 번씩 써보기	🎧 mp3 135

①

②

③

응용해서 써본 후 MP3 듣고 따라 말하기	🎧 mp3 136

① 낫토는 싫어하니까 별로 먹고 싶지 않아. [낫토 = 納豆, 싫어하다 = 嫌いだ]

　　→

② 오늘은 공기가 나쁘니까 마스크를 하는 편이 좋아요. [공기 = 空気, 마스크 = マスク]

　　→

① 納豆は 嫌いだから、あまり 食べたく ない。

② 今日は 空気が 悪いですから、マスクを した 方が いいです。

エレベーターが 止(と)まっているので、歩(ある)かなければ なりません。

엘리베이터가 멈춰 있기 때문에 걸어야 합니다.

① 동사, 형용사 등의 '보통체/정중체' 뒤에 'ので'를 붙이면 '~때문에, ~니까'라는 뜻의 원인, 이유를
나타내는 표현이 됩니다. 문장 전체의 문체(보통체/정중체)에 상관없이 ので 앞에는 보통체를 많
이 사용합니다. 「V/A/N(보통체 > 정중체)+ので」=「~때문에, ~니까」

エレベータが 止(と)まっているので、歩(ある)かなければ なりません。

= 엘리베이터가 멈춰 있기 때문에 걸어야 합니다.

② エレベーター = 엘리베이터, 止(と)まる = 멈추다, 정지하다 (1그룹 동사)

MP3 듣고 따라 말하며 세 번씩 써보기　　🎧 mp3 137

①

②

③

응용해서 써본 후 MP3 듣고 따라 말하기　　🎧 mp3 138

① 조금 춥기 때문에 창문을 열지 마세요. [춥다 = 寒(さむ)い, 창문 = 窓(まど), 열다 = 開(あ)ける]

　→

② 오늘은 공기가 나쁘니까 마스크를 하고 외출하자. [외출하다 = 出(で)かける]

　→

---

① 少(すこ)し 寒(さむ)いので、窓(まど)を 開(あ)けないで ください。

② 今日(きょう)は 空気(くうき)が 悪(わる)いので、マスクを して 出(で)かけよう。

_{あした} _{やす} _{あそ} _い _{おも}
明日は 休みなので、遊びに 行こうと 思います。

내일은 휴일이기 때문에 놀러가려고 생각합니다.

① な형용사(NAだ), 명사(N)의 '비과거 긍정 보통체' 뒤에 ので가 올 경우, NAなので、Nなので
의 형태로 사용합니다. (NAだので、Nだので가 아님에 주의)

「N(NA)な+ので」=「~때문에, ~니까」

_{あした} _{やす}
明日 休みなので = 내일은 휴일이기 때문에

② [ので VS から] 'ので'는 인과관계를 논리적으로 서술하거나 객관적인 이유를 나타낼 때 사용하
며, 'から'와는 달리 뒤에 '명령, 금지' 표현이 올 수 없습니다.

MP3 듣고 따라 말하며 세 번씩 써보기	mp3 139
①	
②	
③	

응용해서 써본 후 MP3 듣고 따라 말하기	mp3 140

① 내일 시험이기 때문에 오늘은 일찍 잡니다. [내일 = 明日, 시험 = 試験]

　　→

② 저는 맥주를 좋아하기 때문에 자주 마십니다. [맥주 = ビール, 자주 = よく]

　　→

_{あした} _{しけん} _{きょう} _{はや} _ね
① 明日 試験なので、今日は 早く 寝ます。

_{わたし} _す _の
② 私は ビールが 好きなので、よく 飲みます。

頑張ったのに、**合格できませんでした。**

분발했는데도 **합격하지 못했습니다.**

동사, 형용사, 명사의 '보통체'에 'のに'를 붙이면, '~인데, ~에도 불구하고'라는 뜻의 '역접, 대비'를 나타내는 표현이 됩니다. 이 표현은 예상 밖의 결과에 대한 의문, 유감, 불만의 감정을 나타낼 때 사용하는 경우가 많습니다. 「V/A/N(보통체)」+ のに = 「~인데, ~에도 불구하고」

[역접] 頑張ったのに、合格できなかった。= 열심히 했는데도 합격하지 못했다.

[대비] 昨日は 暑かったのに、今日は 少し 寒いです。

　　　= 어제는 더웠는데 오늘은 조금 춥습니다.

MP3 듣고 따라 말하며 세 번씩 써보기　　　　　◯ mp3 141

①

②

③

응용해서 써본 후 MP3 듣고 따라 말하기　　　　　◁》 mp3 142

① 어제는 더웠는데 오늘은 조금 춥습니다. [덥다 = 暑い]

　→

② 요리는 맛있는데 점원이 불친절하다. [점원 = 店員, 불친절하다 = 不親切だ]

　→

---

① 昨日は 暑かったのに、今日は 少し 寒いです。

② 料理は おいしいのに、店員が 不親切だ。

<ruby>交通<rt>こうつう</rt></ruby>が <ruby>不便<rt>ふ べん</rt></ruby>なのに、<ruby>家賃<rt>や ちん</rt></ruby>が <ruby>高<rt>たか</rt></ruby>いです。

교통이 불편한데도 집값이 비쌉니다.

① な형용사(NAだ), 명사(N)의 '비과거 긍정 보통체' 뒤에 'のに'가 올 경우, NAなのに、Nなの
  に의 형태로 사용합니다. (NAだのに、Nだのに가 아님에 주의)
  「N(NA)な+のに」=「~인데, ~에도 불구하고」
  <ruby>交通<rt></rt></ruby>が <ruby>不便<rt>ふ べん</rt></ruby>なのに = 교통이 불편한데도
② 'のに' 뒤에는 말하는 사람의 의지, 희망, 명령, 금지 등을 나타내는 표현이 올 수 없습니다.

MP3 듣고 따라 말하며 세 번씩 써보기	◯ mp3 143

①

②

③

응용해서 써본 후 MP3 듣고 따라 말하기	◯ mp3 144

① 내일 시험인데 전혀 집중이 되지 않는다(=집중할 수 없다). [집중하다 = <ruby>集 中<rt>しゅうちゅう</rt></ruby>する]

  →

② 이 바다는 물이 깨끗한데 사람이 적습니다. [바다 = <ruby>海<rt>うみ</rt></ruby>, 물 = <ruby>水<rt>みず</rt></ruby>, 적다 = <ruby>少<rt>すく</rt></ruby>ない]

  →

① <ruby>明日<rt>あした</rt></ruby> <ruby>試験<rt>し けん</rt></ruby>なのに、<ruby>全然<rt>ぜんぜん</rt></ruby> <ruby>集中<rt>しゅうちゅう</rt></ruby>できない。
② この <ruby>海<rt>うみ</rt></ruby>は <ruby>水<rt>みず</rt></ruby>が きれいなのに、<ruby>人<rt>ひと</rt></ruby>が <ruby>少<rt>すく</rt></ruby>ないです。

私_{わたし}も 行_いきたいですが、明日_{あした}は 用事_{ようじ}が あります。

저도 가고 싶지만 내일은 용무가 있습니다.

① 동사, 형용사 등의 '보통체/정중체' 뒤에 'が'를 붙이면 '~이지만, ~인데'라는 뜻의 '[1] 역접, 대비'
　와 '[2] 전제'를 나타내는 표현이 됩니다. 일단 '[1] 역접, 대비'의 사용법은 아래와 같습니다.

　　「V/A/N(보통체/정중체)+が」=「~이지만, ~인데」

　　[역접] 私_{わたし}も 行_いきたいですが、明日_{あした}は 用事_{ようじ}が あります。

　　　　　= 저도 가고 싶지만 내일은 용무가 있습니다.

② 用事_{ようじ} = 용무, 용건, (볼)일

MP3 듣고 따라 말하며 세 번씩 써보기　　　🎧 mp3 145

①

②

③

응용해서 써본 후 MP3 듣고 따라 말하기　　　🎧 mp3 146

① 나는 요리는 좋아하지만 설거지는 싫어한다. [설거지 = 皿洗_{さらあら}い]

　→

② 일본어 공부는 어렵지만 재미있습니다. [어렵다 = 難_{むずか}しい]

　→

---

① 私_{わたし}は 料理_{りょうり}は 好_すきだが、皿洗_{さらあら}いは 嫌_{きら}いだ。

② 日本語_{にほんご}の 勉強_{べんきょう}は 難_{むずか}しいですが、おもしろいです。

いけぶくろ い　　　　　　　　　　　　　の　か
池袋に 行きたいですが、どこで 乗り換えれば いいですか。

이케부쿠로에 가고 싶은데, 어디에서 갈아타면 좋습니까?

① '[2] 전제'는 말을 꺼낼 때 사용하며, 특별한 의미 없이 두 문장을 연결하는 역할을 합니다.

いけぶくろ い　　　　　　　　　　　の　か
池袋に 行きたいです。+ どこで 乗り換えれば いいですか。

いけぶくろ い　　　　　　　　　　　　の　か
→ 池袋に <u>行きたいですが</u>、どこで 乗り換えれば いいですか。

② 'が'가 붙은 문장은 반드시 '[1] 보통체+が、보통체' 그리고 '[2] 정중체+が、정중체'와 같이

문체를 일치시킵니다.

MP3 듣고 따라 말하며 세 번씩 써보기 🎧 mp3 147

①

②

③

응용해서 써본 후 MP3 듣고 따라 말하기 🎧 mp3 148

① 죄송한데요, 화장실은 어디인가요? [화장실 = トイレ]

→

② 어제 야마다 선생님을 만났는데요, 무척 건강하셨습니다. [만나다 = 会う, 건강하다 = 元気だ]

→

---

① すみませんが、トイレは どこですか。

きのう やまだ せんせい　あ　　　　　　　　　げんき
② 昨日 山田先生に 会いましたが、とても 元気でした。

01. 앞서 배운 문형을 복습해 봅시다.

☐ 일본어 연결 표현

연결 표현	예문

병렬

(보통체/정중체)+し、~
(~하고, ~해서)

(1) 열거

このレストランは 料理が おいしいし、
値段も 安いです。
(이 레스토랑은 요리가 맛있고, 가격도 쌉니다.)

(2) 가벼운 이유

今日は 天気も 悪いし、散歩は やめましょう。
(오늘은 날씨도 나쁘고 하니 산책은 그만둡시다.)

원인 이유

(보통체/정중체)+から、~
(~때문에, ~니까)

日曜日ですから、どこか 行きましょう。
(일요일이니까 어딘가 갑시다.)

(보통체>정중체)+ので、~
(~때문에, ~니까)

明日 試験なので、今日は 早く 寝ます。
(내일 시험이기 때문에 오늘은 일찍 잡니다.)

(보통체/정중체)+のに、~
(~인데, ~에도 불구하고)

交通が 不便なのに、家賃が 高いです。
(교통이 불편한데도 집 값이 비쌉니다.)

역접

(보통체/정중체)+が、~
(~이지만, ~인데)

(1) 역접

私も 行きたいですが、明日は 用事が あります。
(저도 가고 싶습니다만 내일은 용무가 있습니다.)

(2) 전제

すみませんが、トイレは どこですか。
(죄송한데요, 화장실은 어디입니까?)

02. 앞서 배운 문장을 일본어로 쓸 수 있는지 테스트를 통해 확인해 보세요. (정답 p.153)

① 스즈키 선생님은 친절하고 멋있고 재미있습니다. ('~し, ~'으로 작문)

　→

② 날씨도 나쁘고 하니 산책은 그만둡시다. ('~し, ~'으로 작문)

　→

③ 곧 돌아올 테니까 기다리고 있어. ('~から, ~'으로 작문)

　→

④ 일요일이니까 어딘가 갑시다. ('~から, ~'으로 작문)

　→

⑤ 엘리베이터가 멈춰 있기 때문에 걸어야 합니다. ('~ので, ~'으로 작문)

　→

⑥ 내일은 휴일이기 때문에 놀러가려고 생각합니다. ('~ので, ~'으로 작문)

　→

⑦ 분발했는데도 합격하지 못했습니다. ('~のに, ~'으로 작문)

　→

⑧ 교통이 불편한데도 집 값이 비쌉니다. ('~のに, ~'으로 작문)

　→

⑨ 저도 가고 싶지만 내일은 용무가 있습니다. ('~が, ~'으로 작문)

　→

⑩ 이케부쿠로에 가고 싶은데, 어디에서 갈아타면 좋습니까? ('~が, ~'으로 작문)

　→

① 鈴木先生は 親切だし、かっこいいし、おもしろいです。

② 天気も 悪いし(or 悪いですし)、散歩は やめましょう。

③ すぐ 戻って くるから、待って いて。

④ 日曜日ですから、どこか 行きましょう。

⑤ エレベーターが 止まって いるので、歩かなければ なりません。

⑥ 明日は 休みなので、遊びに 行こうと 思います。

⑦ 頑張ったのに、合格できませんでした。

⑧ 交通が 不便なのに、家賃が 高いです。

⑨ 私も 行きたいですが、明日は 用事が あります。

⑩ 池袋に 行きたいですが、どこで 乗り換えれば いいですか。

MEMO 틀린 문장이 있을 경우 아래에 몇 번씩 반복해서 써보세요.

CHAPTER 10

동작, 행위의
시점 말하기

<ruby>新学期<rt>しんがっき</rt></ruby>が <ruby>始<rt>はじ</rt></ruby>まろうと して います。

새 학기가 시작되려고 합니다.

① 동사의 의지형 뒤에 'と して いる'를 붙이면, 변화를 향해 나아가고 있는 상태, 즉, '변화의 시작, 종말 직전'을 나타내는 표현이 됩니다.

「V(의지형)+と して いる」=「~하려고 한다, 막 ~하려는 참이다」

<ruby>始<rt>はじ</rt></ruby>まろうと して います。= 시작되려고 합니다.

② <ruby>新学期<rt>しんがっき</rt></ruby> = 새 학기, <ruby>始<rt>はじ</rt></ruby>まる = 시작되다 (2그룹 동사)

MP3 듣고 따라 말하며 세 번씩 써보기　　　　　　　🎧 mp3 149

①

②

③

응용해서 써본 후 MP3 듣고 따라 말하기　　　　　　　🎧 mp3 150

① 나의 겨울 방학은 이제 곧 끝나려고 합니다. [겨울 방학 = <ruby>冬休<rt>ふゆやす</rt></ruby>み, 이제 곧 = もう すぐ]

　→

② 저녁 해가 지려고 합니다. [저녁 해 = <ruby>夕日<rt>ゆうひ</rt></ruby>, 지다 = <ruby>沈<rt>しず</rt></ruby>む]

　→

---

① <ruby>私<rt>わたし</rt></ruby>の <ruby>冬休<rt>ふゆやす</rt></ruby>みは もう すぐ <ruby>終<rt>お</rt></ruby>わろうと して います。

② <ruby>夕日<rt>ゆうひ</rt></ruby>が <ruby>沈<rt>しず</rt></ruby>もうと して います。

これから 食^たべる ところです。

이제부터 먹으려는 참입니다.

① 동사 뒤에 'ところだ'를 붙이면 특정 행위나 변화가 '[1] 시작 직전, [2] 진행 중, [3] 종료 직후' 중 어떤 시점에 해당하는지를 나타내는 표현이 되며, 이 세 가지 시점은 접속 형태(V기본형/Vている/Vた)로 구분합니다.

② '동사의 기본형' 뒤에 'ところだ'를 붙이면, '[1] 행위, 변화의 시작 직전'임을 강조하는 표현이 됩니다. 이 표현은 의도가 있는 행위, 변화가 확실히 예측되는 상황에 사용합니다.

「V(기본형)+ところだ」 = 「~하려고 한다, 막 ~하려는 참이다」

食^たべる ところです。 = 먹으려는 참입니다.

MP3 듣고 따라 말하며 세 번씩 써보기　　　　　　　　　　　mp3 151

①

②

③

응용해서 써본 후 MP3 듣고 따라 말하기　　　　　　　　　　mp3 152

① 주문했어요? 아니요, 이제부터 주문하려는 참이에요. [주문하다 = 注文^{ちゅうもん}する]

→

② 마침 외출하려던 참입니다. [마침/정확히 = ちょうど, 외출하다 = 出^でかける]

→

---

① 注文^{ちゅうもん}しましたか。いいえ、これから 注文^{ちゅうもん}する ところです。

② ちょうど 出^でかける ところです。

今 食べて いる ところです。

지금 먹고 있는 중입니다.

'동사의 て형' 뒤에 'て いる ところだ'를 붙이면, '[2] 행위, 변화가 한창 진행 중'임을 강조하는 표현이 됩니다.

「V(て형)+て いる ところだ」=「(한창) ~하고 있는 중이다」
食べて いる ところです。= 먹고 있는 중입니다.

MP3 듣고 따라 말하며 세 번씩 써보기   🎧 mp4 153

①

②

③

응용해서 써본 후 MP3 듣고 따라 말하기   🎧 mp4 154

① 지금 집에서 일본어를 공부하고 있는 중입니다.

　　→

② 지금 목욕하고 있는 중입니다. [목욕하다 = お風呂に 入る]

　　→

---

① 今 家で 日本語を 勉強して いる ところです。
② 今 お風呂に 入って いる ところです。

たった 今 食べた ところです。

방금 막 먹었습니다.

① '동사의 た형' 뒤에 'た ところだ'를 붙이면, '[3] 행위, 변화가 종료한 직후'임을 강조하는 표현이
됩니다.

「V(た형)+た ところだ」=「막 ~하다, 막 ~한 참이다」

食べた ところです。= 막 먹었습니다.

② たった 今 = 이제 막, 방금

MP3 듣고 따라 말하며 세 번씩 써보기	mp3 155

①

②

③

응용해서 써본 후 MP3 듣고 따라 말하기	mp3 156

① 마침 일이 막 끝났습니다. [마침/정확히 = ちょうど, 일 = 仕事, 끝나다 = 終わる]

→

② 지금 막 돌아왔습니다. [돌아오다 = 帰ってくる]

→

① ちょうど 仕事が 終わった ところです。

② 今 帰って きた ところです。

さっき 食^たべた ばかりです。

좀 아까 막 먹었습니다.

① '동사의 た형' 뒤에 'た ばかりだ'를 붙이면 '행위, 변화가 끝난 후 시간이 얼마 지나지 않음'을 나타내는 표현이 됩니다.

「V(た형)+た ばかりだ」=「막 ~하다, ~한 지 얼마 되지 않다」

食^たべた ばかりです。 = 막 먹었습니다.

② 「V(た형)+た ばかりの」=「막 ~한, ~한 지 얼마 되지 않은」

MP3 듣고 따라 말하며 세 번씩 써보기　　　　　　　🎧 mp3 157

①

②

③

응용해서 써본 후 MP3 듣고 따라 말하기　　　　　　　🎧 mp3 158

① 일이 끝난 지 얼마 되지 않았습니다.

→

② 산 지 얼마 되지 않은 컴퓨터를 고장 냈습니다. [고장 내다 = 壊^{こわ}す]

→

① 仕事^{しごと}が 終^おわった ばかりです。

② 買^かった ばかりの パソコンを 壊^{こわ}しました。

去年 引っ越した ばかりです。

작년에 막 이사했습니다.

① 'Vた ばかりだ'는 'Vた ところだ'에 비해 행위가 종료된 후 지나간 시간의 폭이 넓으며, 심리적으로 짧다고 느껴지는 시간에도 사용할 수 있습니다.

· 去年 引っ越(こ)越した ばかりです。(O)

· 去年 引っ越した ところです。(X)

*'た ところです'는 행동, 변화가 물리적 시간으로 막 종료했을 때에만 사용 가능

② 去年 = 작년

MP3 듣고 따라 말하며 세 번씩 써보기 　　🎧 mp3 159

①

②

③

응용해서 써본 후 MP3 듣고 따라 말하기 　　🎧 mp3 160

① 지난달에 막 결혼했습니다. [지난달 = 先月, 결혼하다 = 結婚する]

→

② 지난주에 막 입사했습니다. [지난주 = 先週, 입사하다 = 入社する]

→

---

① 先月 結婚した ばかりです。

② 先週 入社した ばかりです。

起きた ばかりなので、まだ 食べて いません。

일어난 지 얼마 되지 않았기 때문에 **아직 안 먹었습니다.**

---

① 'Vた ばかりだ'는 'Vた ばかりな<u>の</u>で(막 ~했기 때문에)', 'Vた ばかりな<u>の</u>に(막 ~했는데도)'의 형태로 '이유, 역접'을 나타낼 때 많이 사용됩니다.

② 「まだ V(て형)て いない」 = 「아직 ~지 않았다(미완료)」

　Q: 朝ごはんは 食べましたか。= 아침 밥 먹었습니까?

　A: いいえ、まだ 食べて いません。= 아니요, 아직 안 먹었습니다.

MP3 듣고 따라 말하며 세 번씩 써보기　　　　　　　　　　🎧 mp3 161

①

②

③

응용해서 써본 후 MP3 듣고 따라 말하기　　　　　　　　　🎧 mp3 162

① 산 지 얼마 되지 않았기 때문에 아직 사용하지 않았습니다. [사용하다 = 使う]

　→

② 방금 막 먹었기 때문에 배가 부릅니다. [방금 = さっき, 배 = お腹, 부르다/가득 찼다 =いっぱいだ] →

① 買った ばかりなので、まだ 使って いません。

② さっき 食べた ばかりなので、お腹が いっぱいです。

さっき 食べた ばかりなのに、お腹が すきました。

방금 막 먹었는데도 배가 고픕니다.

① 「V(た형)た ばかりなのに」 = 「막 ~했는데도, ~한 지 얼마 되지 않았는데도」

　[역접] 食べた ばかりなのに = 막 먹었는데도, 먹은 지 얼마 되지 않았는데도

② すく = 비다, (배가) 고프다 (1그룹 동사)

MP3 듣고 따라 말하며 세 번씩 써보기　　　　163

①

②

③

응용해서 써본 후 MP3 듣고 따라 말하기　　　　164

① 김 씨는 일본에 온 지 얼마 안 되었는데도, 일본어가 무척 능숙합니다. [무척 = とても、능숙하다/

　잘하다 = 上手だ] →

② 만난 지 얼마 안 되었는데도, 벌써 좋은 친구가 되었습니다. [만나다 = 会う, 벌써 = もう]

　→

---

① キムさんは 日本に 来た ばかりなのに、日本語が とても 上手です。

② 会った ばかりなのに、もう いい 友だちに なりました。

01. 앞서 배운 문형을 복습해 봅시다.

□ 동작, 행위의 시점을 나타내는 표현

문형	예문
V(의지형)+と して いる (~하려고 한다)	新学期が 始まろうと して います。 (새로운 학기가 시작되려고 합니다.)
V(기본형)+ところだ [직전] (막 ~하려는 참이다)	これから 食べる ところです。 (지금부터 먹으려는 참입니다.)
V(て형)て いる+ところだ [진행 중] (한창 ~하고 있는 중이다)	今 食べて いる ところです。 (지금 한창 먹고 있는 중입니다.)
V(た형)た+ところだ [직후] (~한 참이다)	今 食べた ところです。 (지금 막 먹은 참입니다.)
V(た형)た+ばかりだ (~한 지 얼마 되지 않다)	去年 引っ越した ばかりです。 (작년에 막 이사했습니다.)

02. 앞서 배운 문장을 일본어로 쓸 수 있는지 테스트를 통해 확인해 보세요.   (정답 p.166)

① 새 학기가 시작되려고 합니다. ('Vようとしている'으로 작문)

→

② 나의 겨울 방학은 이제 곧 끝나려고 합니다. ('Vようとしている'으로 작문)

→

③ 이제부터 먹으려는 참입니다. ('Vところだ'으로 작문)

→

④ 지금 먹고 있는 중입니다. ('Vているところだ'으로 작문)

→

⑤ 방금 막 먹었습니다. ('Vたところだ'으로 작문)

→

⑥ 좀 아까 막 먹었습니다. ('Vたばかりだ'으로 작문)

→

⑦ 산 지 얼마 되지 않은 컴퓨터를 고장 냈습니다. ('Vたばかりだ'으로 작문)

→

⑧ 작년에 막 이사했습니다. ('Vたばかりだ'으로 작문)

→

⑨ 일어난 지 얼마 되지 않았기 때문에 아직 안 먹었습니다. ('Vたばかりだ'으로 작문)

→

⑩ 방금 막 먹었는데도 배가 고픕니다. ('Vたばかりだ'으로 작문)

→

① 新学期が 始まろうと して います。

② 私の 冬休みは もう すぐ 終わろうと して います。

③ これから 食べる ところです。

④ 今 食べて いる ところです。

⑤ たった 今 食べた ところです。

⑥ さっき 食べた ばかりです。

⑦ 買った ばかりの パソコンを 壊しました。

⑧ 去年 引っ越した ばかりです。

⑨ 起きた ばかりなので、まだ 食べて いません。

⑩ さっき 食べた ばかりなのに、お腹が すきました。

MEMO 틀린 문장이 있을 경우 아래에 몇 번씩 반복해서 써보세요.

CHAPTER 11

자신의 행동을
낮춰서 말하기

今 事務室に おります。
いま じ む しつ

지금 사무실에 있습니다.

① 경어는 상대방에게 경의를 나타내는 표현으로 <u>자신의 행위를 낮춰 말하는 '겸양 표현'</u>과 <u>상대방의</u>
  <u>행위를 높여 말하는 '존경 표현'</u>이 있습니다. 일본어 경양 표현에는 '[1] 겸양동사, [2] おV(ます형)する
  /ごN(동작성명사)する, [3] V(사역형)ていただく'의 3가지 형태가 있습니다.

② 경양동사란 동사 그 자체에 경양의 의미가 있는 동사입니다. (하단의 표: [1]-1 경양동사)

일반동사	いる(있다)	行く(가다)/来る(오다)	見る(보다)
겸양동사	おる(있다)	参る(가다/오다)	拝見する(보다)

MP3 듣고 따라 말하며 세 번씩 써보기   🎧 mp3 165

①

②

③

응용해서 써본 후 MP3 듣고 따라 말하기   🎧 mp3 166

① 저는 한국에서 왔습니다. [에서/~로부터 = から, 오다(경양동사) = 参る]
  →

② 기획서를 봤습니다. [기획서 = 企画書, 보다(경양동사) = 拝見する]
  →

① 私は 韓国から 参りました。
  わたし かんこく まい

② 企画書を 拝見しました。
  き かくしょ はいけん

168

この 辞書^{じ しょ}は イ先生^{せんせい}から いただきました。

이 사전은 이 선생님으로부터 받았습니다.

[1]-2 겸양동사

일반동사	もらう(받다)/食べる(먹다)/飲む(마시다)	あげる(주다)
겸양동사	いただく (받다/먹다/마시다)	さしあげる(드리다)

MP3 듣고 따라 말하며 세 번씩 써보기   ⌒mp3 167

①

②

③

응용해서 써본 후 MP3 듣고 따라 말하기   ⌒mp3 168

① 돈가스 덮밥을 먹었습니다. [돈가스 덮밥 = カツ丼^{どん}, 먹다/마시다(겸양동사) = いただく]

　→

② 내일 전화 드리겠습니다. [전화 = 電話^{でん わ}, 드리다(겸양동사) = さしあげる]

　→

① カツ丼^{どん}を いただきました。
② 明日^{あした} お電話^{でん わ}さしあげます。

イ・ヒョンジンと 申^{もう}します。

이현진이라고 합니다.

[1]-3 겸양동사

일반동사	言^いう(말하다)	する(하다)
겸양동사	申^{もう}す(말하다)/申^{もう}し上^あげる(말씀드리다)	いたす(하다)

MP3 듣고 따라 말하며 세 번씩 써보기	∩ mp3 169

①

②

③

응용해서 써본 후 MP3 듣고 따라 말하기	∩ mp3 170

① 이 일은 제가 하겠습니다. [일 = 仕事^{しごと}, 하다(겸양동사) = いたす]

→

② 친척 상황에 관해 말씀드리겠습니다. [친척 상황 = 進捗 状況^{しんちょくじょうきょう}, ~에 관해 = に ついて,

말씀드리다(겸양동사) = 申^{もう}し上^あげる] →

① この 仕事^{しごと}は 私^{わたし}が いたします。
② 進捗 状況^{しんちょくじょうきょう}に ついて 申^{もう}し上^あげます。

どうぞ よろしく お願いします。

아무쪼록 잘 부탁드립니다.

① [2]-1 경양 표현 (동사)

「お + V(ます형) + する」 = 「~하다, ~(해) 드리다」

お願いします。 = 부탁드립니다.

② どうぞ = 아무쪼록/부디, よろしい = 좋다/괜찮다, 願う = 바라다/원하다/부탁하다

MP3 듣고 따라 말하며 세 번씩 써보기　　　　　　　　　○ mp3 171

①

②

③

응용해서 써본 후 MP3 듣고 따라 말하기　　　　　　　　　○ mp3 172

① 즉시 조사하겠습니다. [즉시 = さっそく, 조사하다 = 調べる]

→

② 제가 택시를 부르겠습니다. [택시 = タクシー, 부르다 = 呼ぶ]

→

---

① さっそく お調べします。

② 私が タクシーを お呼びします。

どうぞ よろしく お願いいたします。

아무쪼록 잘 부탁드립니다.

앞서 배운 '[2]-1 겸양 표현 : お V(ます형)する'에서 'する'를 겸양동사 'いたす'로 바꿔 쓰면 정중도가 더 높아집니다.

「お + V(ます형) + いたす」= 「~하다, ~(해) 드리다」

お願いいたします。= 부탁드립니다.

MP3 듣고 따라 말하며 세 번씩 써보기　　　　　　　mp3 173

①

②

③

응용해서 써본 후 MP3 듣고 따라 말하기　　　　　　　mp3 174

① 즉시 조사하겠습니다.

→

② 제가 택시를 부르겠습니다.

→

① さっそく お調べいたします。

② 私が タクシーを お呼びいたします。

DAY 088 ___월 ___일

今^{いま}から ご説明^{せつめい}いたします。

지금부터 설명 드리겠습니다.

[2]-2 겸양 표현 (동작성명사)

「ご + N(동작성명사)+する / いたす」=「~하다, ~(해) 드리다」

ご説明^{せつめい}いたします。= 설명 드리겠습니다.

MP3 듣고 따라 말하며 세 번씩 써보기 　🎧 mp3 175

①

②

③

응용해서 써본 후 MP3 듣고 따라 말하기 　🎧 mp3 176

① 제가 안내해 드리겠습니다. [안내 = 案内^{あんない}]

→

② 조사 결과를 보고 드리겠습니다. [조사 = 調査^{ちょうさ}, 결과 = 結果^{けっか}, 보고 = 報告^{ほうこく}]

→

---

① 私^{わたし}が ご案内^{あんない}いたします。

② 調査^{ちょうさ}の 結果^{けっか}に ついて ご報告^{ほうこく}いたします。

今から 説明させて いただきます。

지금부터 설명하겠습니다.

[3] 경양 표현 (사역+경양)

상대방의 허락 하에 자신이 어떤 행동을 할 때, 혹은 허락을 받아 행동해야 할 경우에 사용합니다.

「V(사역형)+て いただく」=「~하겠습니다」

• 説明させて いただきます。= 설명하겠습니다.

• インフルエンザなので、明日から 休ませて いただきます。

  = 독감이기 때문에 내일부터 쉬겠습니다.

MP3 듣고 따라 말하며 세 번씩 써보기   mp3 177

①

②

③

응용해서 써본 후 MP3 듣고 따라 말하기   mp3 178

① 독감이기 때문에 내일부터 쉬겠습니다. [독감 = インフルエンザ]

  →

② 이상으로 발표를 마치겠습니다. [이상으로 = 以上で, 발표 = 発表, 마치다/끝나다 = 終わる]

  →

---

① インフルエンザなので、明日から 休ませて いただきます。

② 以上で 発表を 終わらせて いただきます。

この 料理の 作り方を 教えて いただけますか。

りょう り　　つく　　かた　　おし

이 요리 만드는 방법을 가르쳐 주실 수 있으십니까?

앞서 배운 겸양동사 'いただく'를 사용해서 아래와 같이 정중한 의뢰 표현을 만들 수 있습니다.

① 「V(て형)+て いただけますか」=「~해 주실 수 있으십니까?」

おし
教え て いただけますか。= 가르쳐 주실 수 있으십니까?

② 「ご +N(동작성명사)+ いただけますか」=「~해 주실 수 있으십니까?」

けんとう
検討 いただけますか。= 검토해 주실 수 있으십니까?

MP3 듣고 따라 말하며 세 번씩 써보기　　　　174

①

②

③

응용해서 써본 후 MP3 듣고 따라 말하기　　　　180

① 큰 목소리로 이야기해 주실 수 있으십니까? [목소리 = 声こえ, 이야기하다 = 話はす]

→

② 검토해 주실 수 있으십니까? [검토 = 検討けんとう]

→

---

① 大きい 声で 話して いただけますか。
おお　　こえ　　はな

② ご検討 いただけますか。
けんとう

お<ruby>手伝<rt>て つだ</rt></ruby>いしましょうか。

도와드릴까요?

앞서 배운 '[2]-1 겸양 표현 : お<u>V(ます형)する</u>'에서 'する'를 'しましょうか'로 바꿔 쓰면, '~해 드릴까요?'라는 뜻이 됩니다. 상대방을 위해 무언가를 할 것을 자청하는 정중한 표현입니다.

「お + <u>V(ます형)</u> + しましょうか」 = 「~할까요, ~(해) 드릴까요?」

お<u><ruby>手伝<rt>て つだ</rt></ruby>い</u>しましょうか。 = 도와드릴까요?

MP3 듣고 따라 말하며 세 번씩 써보기	🎧 mp3 181

①

②

③

응용해서 써본 후 MP3 듣고 따라 말하기	🎧 mp3 182

① 짐을 들어 드릴까요? [짐 = <ruby>荷物<rt>に もつ</rt></ruby>, 들다/가지다 = <ruby>持<rt>も</rt></ruby>つ]

　　→

② 우산을 빌려 드릴까요? [우산 = <ruby>傘<rt>かさ</rt></ruby>, 빌려주다 = <ruby>貸<rt>か</rt></ruby>す]

　　→

① <ruby>荷物<rt>に もつ</rt></ruby>を お<ruby>持<rt>も</rt></ruby>ちしましょうか。

② <ruby>傘<rt>かさ</rt></ruby>を お<ruby>貸<rt>か</rt></ruby>ししましょうか。

01. 앞서 배운 문형을 복습해 봅시다.

☐ 겸양동사

기본동사	겸양동사
いる(있다)	おる(있다)
する(하다)	いたす(하다)
行く(가다)/来る(오다)	参る(가다/오다)
見る(보다)	拝見する(보다)
言う(말하다)	申す(말하다)/申し上げる(말씀드리다)
食べる(먹다)/飲む(마시다)/もらう(받다)	いただく(받다/먹다/마시다)
あげる(주다)	さしあげる(드리다)

☐ 겸양 표현

문형	예문
お+V(ます형)+する お+V(ます형)+いたす (~하다, ~해 드리다)	さっそく お調べします / 調べいたします。 (즉시 조사하겠습니다.)
ご+N(동작성명사)+する ご+N(동작성명사)+いたす (~하다, ~해 드리다)	私 が ご案内します / 案内いたします。 (제가 안내해 드리겠습니다.)
V(사역형)+て いただく (~하다 / *허락 받아 행동)	今から 説明させて いただきます。 (지금부터 설명하겠습니다.)

(정답 p.179)

02. 앞서 배운 문장을 일본어로 쓸 수 있는지 테스트를 통해 확인해 보세요.

① 지금 사무실에 있습니다. ('겸양동사'로 작문)

→

② 기획서를 봤습니다. ('겸양동사'로 작문)

→

③ 이 사전은 이 선생님으로부터 받았습니다. ('겸양동사'로 작문)

→

④ (자기 이름)이라고 합니다. ('겸양동사'로 작문)

→

⑤ 아무쪼록 잘 부탁드립니다. ('おV(ます형)します'으로 작문)

→

⑥ 아무쪼록 잘 부탁드립니다. ('おV(ます형)いたします'으로 작문)

→

⑦ 지금부터 설명 드리겠습니다. ('ごN(동작성명사)します / いたします'로 작문)

→

⑧ 지금부터 설명하겠습니다. ('V(사역형)て いただきます'으로 작문)

→

⑨ 이 요리 만드는 법을 가르쳐 주실 수 있으십니까? ('V(て형)て いただけますか'으로 작문)

→

⑩ 도와드릴까요? ('おV(ます형)しましょうか'으로 작문)

→

① 今 事務室に おります。

② 企画書を 拝見しました。

③ この 辞書は イ先生から いただきました。

④ (자기 이름)と 申します。

⑤ どうぞ よろしく お願いします。

⑥ どうぞ よろしく お願いいたします。

⑦ 今から ご説明いたします。

⑧ 今から 説明させて いただきます。

⑨ この 料理の 作り方を 教えて いただけますか。

⑩ お手伝いしましょうか。

MEMO 틀린 문장이 있을 경우 아래에 몇 번씩 반복해서 써보세요.

CHAPTER 12

상대방의 행동 높여서 말하기

今朝の ニュースを ご覧に なりましたか。

오늘 아침 뉴스를 보셨습니까?

① 일본어 존경 표현에는 '[1] 존경동사, [2] おV(ます형)に なる/ごN(동작성 명사)に なる, [3] 수동형'의 3가지 형태가 있습니다. 존경도는 [1] > [2] > [3]의 순입니다.

② 존경동사란 동사 그 자체에 존경의 의미가 있는 동사입니다. (하단의 표: [1]-1 존경동사)

일반동사	見る (오다)	いる(있다)/行く(가다)/来る(오다)	知っている (알고 있다)
존경동사	覧に なる (오시다)	おいでに なる (계시다/가시다/오시다)	ご存知だ (알고 계시다)

MP3 듣고 따라 말하며 세 번씩 써보기 ∩ mp3 183

①

②

③

응용해서 써본 후 MP3 듣고 따라 말하기 ∩ mp3 184

① 야마다 님이 오셨습니다. [야마다 = 山田, 님 = 様, 오시다(존경동사) = おいでに なる]

→

② 용과 먹는 법을 알고 계십니까? [용과 = ドラゴンフルーツ, 먹는 법 = 食べ方, 알고 계시다(존경동사)

= ご存知だ] →

① 山田様が おいでに なりました。

② ドラゴンフルーツの 食べ方を ご存知ですか。

DAY 093 ___월 ___일

しゃちょう
社長が いらっしゃいました.

사장님이 오셨습니다.

[1]-2 존경동사 (*いらっしゃる, おっしゃる, なさる의 ます형에 주의할 것)

일반 동사	いる(있다)/行く(가다)/来る(오다)	言う (말하다)	する (하다)
존경 동사	いらっしゃる (계시다/가시다/오시다)	おっしゃる (말씀하시다)	なさる (하시다)
+ます	*いらっしゃいます	*おっしゃいます	*なさいます

MP3 듣고 따라 말하며 세 번씩 써보기　　　　　　　　　　🎧 mp3 185

①

②

③

응용해서 써본 후 MP3 듣고 따라 말하기　　　　　　　　　　🎧 mp3 186

① 선생님은 뭐라고 말씀하셨습니까? [뭐라고 = 何と, 말씀하시다(존경동사) = おっしゃる]

　→

② 음료수는 무엇으로 하시겠습니까? [음료수 = 飲み物, 하시다(존경동사) = なさる]

　→

① 先生は 何と おっしゃいましたか。
② お飲み物は 何に なさいますか。

しゃちょう
社長、ワインを 召し上がりますか。
め あ

사장님, 와인을 드시겠습니까?

[1]-3 존경동사 (* 'くださる'의 ます형에 주의할 것)

일반동사	た の 食べる(먹다)/飲む(마시다)	くれる (주다)
존경동사	め あ 召し上がる (드시다/잡수다)	くださる (주시다)
+ます	め あ 召し上がります	* くださいます

MP3 듣고 따라 말하며 세 번씩 써보기　　　　　　　　🎧 mp3 187

①

②

③

응용해서 써본 후 MP3 듣고 따라 말하기　　　　　　　🎧 mp3 188

① 이것은 선생님이 주신 책입니다. [주시다(존경동사) = くださる]

　→

すずき
② 스즈키 씨가 일본어를 가르쳐 주셨습니다. [스즈키 = 鈴木]

　→

せんせい ほん
① これは 先生が くださった 本です。

すずき にほんご おし
② 鈴木さんが 日本語を 教えて くださいました。

せんせい
先生は たばこを おす吸いに なりますか。

선생님은 담배를 피우십니까?

[1]-1 존경 표현 (동사) : 「お + V(ます형)+に なる」= 「~하시다」/ お吸いに なります。=
피우십니다. (* '긍/부정, 비과거/과거, 보통체/정중체'로 활용할 경우 'なる' 부분만 활용하면 됨)

	비과거 긍정	비과거 부정	과거 긍정	과거 부정
정중체	お吸いに なります	お吸いに なりません	お吸いに なりました	お吸いに なりませんでした
보통체	お吸いに なる	お吸いに ならない	お吸いに なった	お吸いに ならなかった

MP3 듣고 따라 말하며 세 번씩 써보기　　　　　　　　🎧 mp3 189

①

②

③

응용해서 써본 후 MP3 듣고 따라 말하기　　　　　　　　🎧 mp3 190

① 맥주를 마시시겠습니까?

　→

② 벌써 이 책을 읽으셨습니까? [이미/벌써 = もう]

　→

---
① ビールを おの飲みに なりますか。

② もう この 本を およ読みに なりましたか。

部長は 明日の 会議に ご出席に なりますか。

ぶ ちょう / あ し た / かい ぎ / しゅっせき

부장님은 내일 회의에 출석하십니까?

[2]-2 존경 표현 (동작성명사)

「ご＋N(동작성명사)+に なる」=「~하시다」

ご出席に なりますか。= 출석하십니까?

しゅっせき

MP3 듣고 따라 말하며 세 번씩 써보기 　　　　　　　　　　🎧 mp3 191

①

②

③

응용해서 써본 후 MP3 듣고 따라 말하기 　　　　　　　　　　🎧 mp3 192

① 파티에 참가하십니까? [참가 = 参加]
さん か

→

② 아드님은 이제 졸업하셨습니까? [아드님 = 息子さん, 이제/이미 = もう, 졸업 = 卒業]
む す こ / そつぎょう

→

---

① パーティーに ご参加に なりますか。

② 息子さんは もう ご卒業に なりましたか。
む す こ / そつぎょう

ご<ruby>両親<rt>りょうしん</rt></ruby>に <ruby>相談<rt>そうだん</rt></ruby>されましたか。

부모님에게 상담하셨습니까?

[3] 수동형 : '수동형'과 똑같은 형태로 '존경어'를 만들 수 있습니다(두 용법의 차이는 문맥으로 판단). 이 표현은 다른 존경 표현에 비해 존경의 정도는 낮지만 널리 사용되고 있습니다.

① [3그룹 동사의 수동형]

する(하다) → される(하시다) / くる(오다) → こられる(오시다)

② [2그룹 동사의 수동형] 기본형의 어미 'る'를 없애고 'られる'를 붙인 형태

<ruby>出<rt>で</rt></ruby>る(나가다) → <ruby>出<rt>で</rt></ruby>~ + られる = <ruby>出<rt>で</rt></ruby>られる(나가시다)

MP3 듣고 따라 말하며 세 번씩 써보기　　　　mp3 193

①

②

③

응용해서 써본 후 MP3 듣고 따라 말하기　　　　mp3 194

① 선배님, 이 자료는 보셨습니까? [선배/선배님 = <ruby>先輩<rt>せんぱい</rt></ruby>, 자료 = <ruby>資料<rt>しりょう</rt></ruby>]

→

② 이시다 씨는 나가셨습니까? [이시다 = <ruby>石田<rt>いしだ</rt></ruby>, 나가다/나오다 = <ruby>出<rt>で</rt></ruby>る]

→

---

① <ruby>先輩<rt>せんぱい</rt></ruby>、この<ruby>資料<rt>しりょう</rt></ruby>は<ruby>見<rt>み</rt></ruby>られましたか。

② <ruby>石田<rt>いしだ</rt></ruby>さんは<ruby>出<rt>で</rt></ruby>られましたか。

せんぱい　　　　　　　す
先輩は たばこを 吸われますか。

선배님은 담배를 피우십니까?

① [1그룹 동사의 수동형] 기본형의 어미 'う단(u모음)'을 'あ단(a모음)'으로 바꾸고 'れる'를 붙인 형태
   (단, 'う'로 끝나는 동사는 'わ'로 바꿈)

　　・ 吸う(u)(피우다)　 → 吸わ(wa)＋れる ＝ 吸われる(피우시다)
　　・ 飲む(mu)(마시다) → 飲ま(ma)＋れる ＝ 飲まれる(마시시다)

② 先輩 ＝ 선배, 선배님

MP3 듣고 따라 말하며 세 번씩 써보기	∩ mp3 195

①

②

③

응용해서 써본 후 MP3 듣고 따라 말하기	∩ mp3 196

① 맥주를 마시시겠습니까?

　　→

② 벌써 이 책을 읽으셨습니까?

　　→

① ビールを 飲まれますか。
② もう この 本を 読まれましたか。

ここで お待ちください。

여기에서 기다려 주십시오.

'おV(ます형)' 뒤에 'ください'를 붙이면, '~해 주세요, ~해 주십시오'라는 뜻의 정중한 의뢰, 권유 표현이 됩니다.

「お + V(ます형) + ください」 = 「~해 주세요, ~해 주십시오」

お待ちください。 = 기다려 주십시오.

MP3 듣고 따라 말하며 세 번씩 써보기	♪ MP3 197

①

②

③

응용해서 써본 후 MP3 듣고 따라 말하기	♪ MP3 198

① 여권을 보여 주세요. [여권 = パスポート, 보여 주다 = 見せる]

　→

② 이쪽 의자에 앉아 주세요. [의자 = 椅子, 앉다/걸치다 = かける]

　→

---

① パスポートを お見せください。

② こちらの 椅子に おかけください。

有料 駐車場を ご利用ください。
_{ゆうりょうちゅうしゃじょう} _{りょう}

유료 주차장을 이용해 주십시오.

① 'ご N(동작성 명사)' 뒤에 'ください'를 붙이면, '~해 주세요, ~해 주십시오'라는 뜻의 정중한 의뢰,

권유 표현이 됩니다.

「ご + N(동작성 명사) + ください」 = 「~해 주세요, ~해 주십시오」

ご利用ください。 = 이용해 주십시오.

＊'ご利用して ください。(X)'로 잘못 말하지 않도록 유의할 것!

② 有料 駐車場 = 유료 주차장

MP3 듣고 따라 말하며 세 번씩 써보기 ∩ mp3 199

①

②

③

응용해서 써본 후 MP3 듣고 따라 말하기 ∩ mp3 200

① 여러분, 부디 착석해 주십시오. [여러분 = 皆さん, 부디/아무쪼록 = どうぞ, 착석 = 着席]

→

② 언제든지 마음 편히 상담해 주십시오. [언제든지 = いつでも, 마음 편히/부담 없이 = 気軽に

(구애되지 않다 = 気軽だ)] →

① 皆さん、どうぞ ご着席ください。

② いつでも 気軽に ご相談ください。

01. 앞서 배운 문형을 복습해 봅시다.

☐ 존경동사

기본동사	존경동사
いる(있다)/行く(가다)/来る(오다)	いらっしゃる (계시다/가시다/오시다) おいでに なる (계시다/가시다/오시다)
する(하다)	なさる(하시다)
知って いる(알고 있다)	ご存知だ(알고 계시다)
見る(보다)	ご覧に なる(보시다)
言う(말하다)	おっしゃる(말씀하시다)
食べる(먹다)/飲む(마시다)	召し上がる(드시다/잡수다)
くれる(주다)	くださる(주시다)

☐ 존경 표현

문형	예문
お+V(ます형)+に なる (~하시다)	先生は たばこを お吸いに なりますか。 (선생님은 담배를 피우십니까?)
お+N(동작성 명사)+に なる (~하시다)	明日の 会議に ご出席に なりますか。 (제가 안내해 드리겠습니다.)
수동형 (Vれる・Vられる) (~하시다)	先輩は たばこを 吸われますか。 (선배님은 담배를 피우십니까?)

① 오늘 아침 뉴스를 보셨습니까? ('존경동사'로 작문)

→

② 용과 먹는 법을 알고 계십니까? ('존경동사'로 작문)

→

③ 사장님이 오셨습니다. ('존경동사'로 작문)

→

④ 사장님, 와인을 드시겠습니까? ('존경동사'로 작문)

→

⑤ 선배님은 담배를 피우십니까? ('おV(ます형)に なる'으로 작문)

→

⑥ 부장님은 내일 회의에 출석하십니까? ('ごN(동작성명사)に なる'으로 작문)

→

⑦ 부모님에게 상담하셨습니까? ('수동형 존경 표현'으로 작문)

→

⑧ 선배님은 담배를 피우십니까? ('수동형 존경 표현'으로 작문)

→

⑨ 여기에서 기다려 주십시오. ('おV(ます형)ください'으로 작문)

→

⑩ 유료 주차장을 이용해 주십시오. ('ごN(동작성명사)ください'으로 작문)

→

① 今朝の ニュースを ご覧に なりましたか。

② ドラゴンフルーツの 食べ方を ご存知ですか。

③ 社長が いらっしゃいました。or 社長が おいでに なりました。

④ 社長、ワインを 召し上がりますか。

⑤ 先生は たばこを お吸いに なりますか。

⑥ 部長は 明明日の 会議に ご出席に なりますか。

⑦ ご両親に 相談されましたか。

⑧ 先輩は たばこを 吸われますか。

⑨ ここで お待ちください。

⑩ 有料 駐車場を ご利用ください。

MEMO 틀린 문장이 있을 경우 아래에 몇 번씩 반복해서 써보세요.

REVIEW &
CHECK

앞서 배운 일본어 고급문장 100개 및
문장을 익히면서 등장했던 주요 어휘들을
한눈에 훑어 보며 정리해 보도록 합시다.

① 고급문장 100 총정리

② 주요 어휘 총정리

001 '동사의 ます형, な형용사(NAだ)의 어간(NA), い형용사(Aだ)의 어간(A)'에 'すぎる'를 붙여서
말하면 '너무/지나치게 ~ 하다(부정적 평가의 뉘앙스)'라는 의미의 표현.
「V(ます형) + すぎる」 = 「너무 ~ 하다」

昨夜は 飲みすぎました。 어젯밤은 과음했습니다.

今日は 働きすぎました。 오늘은 일을 너무 많이 했습니다.

料理が おいしくて、食べすぎました。 요리가 맛있어서 과식했습니다.

002 「NA + すぎる」 = 「너무 ~ 하다」

東京の 地下鉄は 複雑すぎます。 도쿄의 지하철은 너무 복잡합니다.

彼は 真面目すぎます。 그는 너무 착실합니다.

この テストは 簡単すぎます。 이 테스트는 너무 간단합니다.

003 「A + すぎる」 = 「너무 ~ 하다」

この 辺りは 家賃が 高すぎます。 이 근처는 집세가 너무 비쌉니다.

この クッキーは 甘すぎます。 이 쿠키는 너무 달아요.

これは サイズが 大きすぎます。 이건 사이즈가 너무 커요.

004 「V(ます형) + やすい」 = 「~ 하기 쉽다/편하다」 (동사의 'ます형'에 'やすい'를 붙여서 말하면
'~ 하기 쉽다/편하다'라는 의미의 표현, 'やすい'는 い형용사와 같이 활용)

この おかゆは 子どもも 食べやすいです。 이 죽은 아이도 먹기 쉽습니다.

この 日本語 教材は 分かりやすいです。 이 일본어 교재는 이해하기 쉽습니다.

この グラスは 割れやすいです。 이 유리컵은 깨지기 쉽습니다.

005 「～て、V(ます형)+やすい」=「～해서, ～하기 쉽다/편하다」

この 本は 字が 大きくて、読みやすいです。　　이 책은 글자가 커서 읽기 쉽습니다.

このテレビは 画面が 大きくて、見やすいです。　　이 TV는 화면이 커서 보기 편합니다.

この かばんは 軽くて、使いやすいです。　　이 가방은 가벼워서 사용하기 편합니다.

---

006 「V(ます형)+にくい」=「～하기 어렵다/불편하다」(동사의 'ます형'에 'にくい'를 붙여서
말하면 '～하기 어렵다/～하기 불편하다'라는 의미의 표현, 'にくい'는 い형용사와 같이 활용)

この 皿は 割れにくいです。　　이 접시는 잘 깨지지 않습니다.

この 本は 字が 小さくて 読みにくいです。　　이 책은 글자가 작아서 읽기 어렵습니다.

この かばんは 重くて 使いにくいです。　　이 가방은 무거워서 사용하기 어렵습니다.

---

007 「～すぎて、V(ます형)+にくい」=「너무 ～해서 ～하기 어렵다/불편하다」

東京の 地下鉄は 複雑すぎて、
わかりにくかったです。　　도쿄 지하철은 너무 복잡해서 알기 어려웠습니다.

この 靴は 重すぎて、歩きにくいです。　　이 구두는 너무 무거워서 걷기 힘듭니다.

この 漢字は 複雑すぎて、覚えにくいです。　　이 한자는 너무 복잡해서 외우기 어렵습니다.

---

008 「V(ます형)+そうだ」=「～것 같다」(이 표현은 주로 겉으로 나타나는 낌새, 인상 등에 근거
한 주관적인 예측에 사용)

雨が 降りそうです。　　비가 올 것 같습니다.

シャツの ボタンが 取れそうです。　　셔츠 단추가 떨어질 것 같습니다.

ポケットから 財布が 落ちそうです。　　주머니에서 지갑이 빠질 것 같습니다.

009 「NA + そうだ」 = 「~ 인(한) 것 같다, ~ 인(한) 듯하다」

彼は いつも 暇そうです。　　　그는 항상 한가한 것 같습니다.

あの 二人は 幸せそうです。　　저 두 사람은 행복한 것 같습니다.

介護の 仕事は 大変そうです。　간호 일은 힘든 것 같습니다.

010 「A + そうだ」 = 「~ 인(한) 것 같다, ~ 인(한) 듯 하다」

この ケーキは おいしそうです。　　이 케이크는 맛있을 것 같습니다.

彼は いつも 悲しそうです。　　　　그는 항상 슬픈 것 같습니다.

彼女は 忙しく なさそうです。　　　그녀는 바쁘지 않은 것 같습니다.

011 「V(보통체) + ようだ」 = 「~ 인(한) 것 같다, ~ 인(한) 듯하다」(이 표현은 오감을 활용한 종합
적/경험적 판단에 근거한 추론에 사용)

木村さんは 今日 学校に 来ないようです。　　기무라 씨는 오늘 학교에 오지 않을 것
　　　　　　　　　　　　　　　　　　　　　　같습니다.

彼は 会社を 辞めるようです。　　　그는 회사를 그만둘 것 같습니다.

彼は 風邪を ひいたようです。　　　그는 감기에 걸린 것 같습니다.

012 「N(보통체) + ようだ」 = 「~ 인(한) 것 같다, ~ 인(한) 듯하다」

高橋さんは 病気のようです。　　　다카하시 씨는 병에 걸린 것 같습니다.

どうやら 私の 負けのようです。　아무래도 나의 패배인 것 같습니다.

彼は この 大学の 学生じゃないようです。　그는 이 대학의 학생이 아닌 것 같습니다.

013 「な형용사(보통체) + ようだ」 = 「~ 인(한) 것 같다, ~ 인(한) 듯하다」

高橋さんは 料理が 上手なようです。　　다카하시 씨는 요리를 잘하는 것 같습니다.

私は 運転が 下手なようです。　　　저는 운전을 잘 못하는 것 같습니다.

山田さんは 意外に 真面目なようです。　야마다 씨는 의외로 성실한 것 같습니다.

014

「い형용사(보통체) + ようだ」 = 「~ 인(한) 것 같다, ~ 인(한) 듯하다」

あの 店のカツカレーは おいしいようです。　저 가게의 돈가스 카레는 맛있는 것 같습니다.

山田さんは 今日 元気が ないようです。　야마다 씨는 오늘 기운이 없는 것 같습니다.

あの 二人は 仲が 悪いようです。　저 두 사람은 사이가 나쁜 것 같습니다.

「V(보통체) + らしい」 = 「~ 인(한) 것 같다, ~ 라고 한다」 (외부 정보, 객관적 근거에 근거해서 추측할 때 사용, 판단의 책임이 자신에게는 없다는 뉘앙스)

明日 雨が 降るらしいです。　내일 비가 오는 것 같습니다.

息子が 料理に 興味が あるらしいです。　아들이 요리에 흥미가 있는 것 같습니다.

バスケの 試合は 終わったらしいです。　농구 시합은 끝난 것 같습니다.

「N(보통체) + らしい」 = 「~ 인(한) 것 같다, ~ 라고 한다」

キムさんは 留守らしいです。　김 씨는 부재중인 것 같습니다.

あの 人は 韓国人じゃ ないらしいです。　저 사람은 한국인이 아닌 것 같습니다.

彼は テニスの選手だったらしいです。　그는 테니스 선수였던 것 같습니다.

017

「な형용사(보통체) + らしい」 = 「~ 인(한) 것 같다, ~ 라고 한다」

彼女は ロック音楽が 好きらしいです。　그녀는 록 음악을 좋아하는 것 같습니다.

山田さんは にんじんが きらいなようです。　야마다 씨는 당근을 싫어하는 것 같습니다.

今度の 試験は 簡単なようです。　이번 시험은 간단한 것 같습니다.

「い형용사(보통체) + らしい」 = 「~ 인(한) 것 같다, ~ 라고 한다」

その 映画は 怖いらしいです。　그 영화는 무서운 것 같습니다.

学食は おいしいらしいです。　학생 식당은 맛있는 것 같습니다.

先週の 試験は 難しかったらしいです。　지난주 시험은 어려웠던 것 같습니다.

019   [3그룹 동사의 수동형] する(하다) → される(되다, 받다) / くる(오다) → こられる(오게 되다, 오다)

好きな 人に 告白されました。   좋아하는 사람에게 고백받았습니다.

友だちに 男性を 紹介されました。   친구에게 남성을 소개받았습니다.

クリスマスパーティーに 招待されました。   크리스마스 파티에 초대받았습니다.

---

020   [2그룹 동사의 수동형] 기본형의 어미 'る'를 없애고 'られる'를 붙인 형태. (가능형과 형태 동일)

先生に ほめられました。   선생님에게 칭찬받았습니다.

私は 田中さんに 助けられました。   저는 다나카 씨에게 도움을 받았습니다.

犯人は 警察に つかまえられました。   범인은 경찰에게 잡혔습니다.

---

021   [1그룹 동사의 수동형] 기본형의 어미 'う단(u모음)'을 'あ단(a모음)'으로 바꾸고 'れる'를 붙인 형태. (단, 'う'로 끝나는 동사는 'わ'로 바꿈)

先生に 叱られました。   선생님에게 혼났습니다.

子どもが 蜂に 刺されました。   아이가 벌에 쏘였습니다.

彼氏に ふられました。   남자친구에게 차였습니다.

---

022   [간접수동] 주어가 어떤 행위/사건의 영향을 간접적으로 받았다는 것을 나타내는 표현. (주로 피해를 입는 경우에 사용하기 때문에 '피해수동'이라고도 함)

雨に 降られました。   비를 맞았습니다.

どろぼうに 入られて、困りました。   도둑이 들어와서 곤란했습니다.

夜遅く 友達に 来られて、寝られませんでした。   밤 늦게 친구가 와서 잘 수 없었습니다.

023 [소유자수동] 주어의 신체, 소유물 등이 행위자에게 영향을 받는 경우에 사용. (행위자는 주로 'に'로 나타냄)

父に 背中を 叩かれました。　　　　　　아버지에게 등을 맞았습니다.

地下鉄で 誰かに 足を 踏まれました。　지하철에서 누군가에게 발을 밟혔습니다.

母に 日記を 読まれました。　　　　　엄마에게 일기를 읽혔습니다.

024 행위의 주체가 사람이 아니거나 객관적 사실에 관해 말하는 수동문의 경우 '행위자(~에 의해, ~에게)'를 생략해서 표현.

このアパートは 30年前に 建てられました。　이 아파트는 30년 전에 지어졌습니다.

卒業式は 2月に 行われます。　　　　졸업식은 2월에 시행됩니다.

２０２０年のオリンピックは 東京で
開かれました。　　　　　　　　　　2020년 올림픽은 도쿄에서 열렸습니다.

025 [3그룹 동사의 사역형] する(하다) → させる(하게 하다, 시키다) / くる(오다) → こさせる
(오게 하다)

私は 子どもに 部屋を 掃除させました。　나는 아이에게 방을 청소하게 했습니다.

先生は 学生に 会話の 練習を させました。　선생님은 학생에게 회화 연습을 시켰습니다.

私は 山田さんに 書類を 持って こさせました。　나는 야마다 씨에게 서류를 갖고 오게
　　　　　　　　　　　　　　　　　했습니다.

026 [2그룹 동사의 사역형] 기본형의 어미 'る'를 없애고 'させる'를 붙인 형태.

子どもに にんじんを 食べさせました。　아이에게 당근을 먹게 했습니다.

子どもに 漢字を 覚えさせました。　　아이에게 한자를 외우게 했습니다.

旦那に たばこを やめさせました。　　남편에게 담배를 끊게 했습니다.

027 [1그룹 동사의 사역형] 기본형의 어미 '우단(u모음)'을 '아단(a모음)'으로 바꾸고 'せる'를 붙인 형태. (단, 'う'로 끝나는 동사는 'わ'로 바꿈)

かんとく せんしゅ はし
監督は 選手を 走らせました。　　　　　　감독님은 선수를 달리게 했습니다.

はは おとうと じゅく かよ
母は 弟を 塾に 通わせました。　　　　　엄마는 남동생을 학원에 다니게 했습니다.

せんせい
先生は パクさんに レポートを　　　　　　선생님은 박 씨에게 레포트를 쓰게 했
か
書かせました。　　　　　　　　　　　　　습니다.

---

028 일본어 사역 표현에는 '[1] 강요' 이외에 '[2] 유발, [3] 허가' 등의 의미가 있음. ('[2] 유발'은 주어가 피사역자의 감정, 기분의 변화를 유발한다는 것을 나타냄)

かのじょ な
彼女を 泣かせました。　　　　　　　　　　그녀를 울렸습니다.

せんせい おこ
うそを ついて 先生を 怒らせました。　　거짓말을 해서 선생님을 화나게 했습니다.

かれ じょうだん い
彼は いつも 冗談を 言って みんなを　　　그는 언제나 농담을 해서 모두를 웃게
わら
笑わせます。　　　　　　　　　　　　　　합니다.

---

029 일본어 사역 표현 중 '[3] 허가'는 주어가 피사역자가 원하는 것을 허가한다는 것을 나타냄.

かあ こ あそ
お母さんは 子どもを 遊ばせました。　　어머니는 아이를 놀게 했습니다.

かんとく せんしゅ やす
監督は 選手を 休ませました。　　　　　　감독님은 선수를 쉬게 했습니다.

こ す
子どもに 好きな ものを 食べさせます。　아이에게 좋아하는 것을 먹게 합니다.

---

030 「V(사역형)+て ください」=「~하게 해 주세요」

ざっし よ
この雑誌を ちょっと 読ませて ください。　이 잡지를 좀 읽게 해 주세요.

あした やす
明日 休ませて ください。　　　　　　　　내일 쉬게 해 주세요.

きょう わたし しょくじだい はら
今日は 私に 食事代を 払わせて ください。　오늘은 저에게 식사비를 내게 해 주세요.

---

031 「V(사역형)+て もらえますか」 = 「~해도 되겠습니까?」

早く 帰らせて もらえますか。 일찍 돌아가도 되겠습니까?

明日 休ませて もらえますか。 내일 쉬어도 되겠습니까?

もう 少し 考えさせて もらえますか。 조금 더 생각하게 해 줄 수 있나요?

032 「동사의 비과거 보통체[V기본형/V~ない]+と」 = 「~하면, ~더니」(조건 표현)

ここを 押すと、お水が ます。 여기를 누르면 물이 나옵니다.

春に なると、桜が 咲きます。 봄이 되면 벚꽃이 핍니다.

この 道を 右に 曲がると、コンビニが 이 길을 오른쪽으로 돌면 편의점이 있습니다.

あります。

033 'と의 조건 표현'은 '[1] 필연적 조건' 이외에도 '[2] 반복, 습관 / [3] 발견'의 의미를 나타낼 수 있음. ('[2] 반복, 습관'은 반복적 현상 및 행위를 나타낼 때 사용)

私は 池袋へ 行くと、いつも ラーメンを 食べます。 나는 이케부쿠로에 가면 항상 라면을 먹습니다.

私は 雪が 降ると、スキーに 行きます。 나는 눈이 오면 스키를 타러 갑니다.

私は 毎年 お正月に なると、実家に 帰ります。 나는 매해 정월이 되면 본가에 돌아갑니다.

034 と의 조건 표현 중 '[3] 발견'은 'と가 붙은 문장의 결과 어떠한 것을 발견했다'는 걸 나타낼 때 사용. (과거를 나타내는 문장과 함께 사용)

朝 起きると、雪が 積もって いました。 아침에 일어났더니 눈이 쌓여 있었습니다.

ラーメン屋に 行くと、定休日でした。 라면 가게에 갔더니 정기 휴일이었습니다.

家に 帰ると、母が 倒れて いました。 집에 돌아왔더니 어머니가 쓰러져 있었습니다.

035 「い형용사의 비과거 보통체[Aい/Aく ない]+と」 = 「~면」

天気が いいと、ジョギングに 行きます。　　　　날씨가 좋으면 조깅하러 갑니다.

暑いと、汗が 出ます。　　　　　　　　　　더우면 땀이 납니다.

お金が ないと、困ります。　　　　　　　　돈이 없으면 곤란합니다.

---

036 「な형용사, 명사의 비과거 보통체[NA(N)だ/NA(N)じゃ ない]+と」 = 「~면」

雨だと、散歩に 行けません。　　　　　　비가 오면 산책하러 갈 수 없습니다.

部屋が 静かだと、よく 勉強 できます。　　방이 조용하면 잘 공부할 수 있습니다.

70点以上 だと、合格です。　　　　　　　70점 이상이면 합격입니다.

---

037 동사, 형용사 등에 'ば'를 붙이면 '~하면, ~라면'이라는 뜻의 조건 표현. / [3그룹 동사의 조건형]
する(하다) → すれば(하면) / くる(오다) → くれば(오면)

勉強 すれば、人生が 変わります。　　　　공부하면 인생이 바뀝니다.

春が 来れば、桜が 咲きます。　　　　　　봄이 오면 벚꽃이 핍니다.

毎日 運動すれば、痩せますか。　　　　　매일 운동하면 살 빠집니까?

---

038 [2그룹 동사의 조건형] 기본형의 어미 'る'를 없애고 'れば'를 붙인 형태. / ば 조건 표현은 '[1] 필연적 조건 [2] 반복, 습관 [3] 가정 조건(만약 ~하다면)'을 말할 때 사용 가능.

早く 寝れば、早く 起きられます。　　　　일찍 자면 일찍 일어날 수 있습니다.

犯人は 見れば 分かります。　　　　　　　범인을 보면 알 수 있습니다.

朝 2時間 早く 起きれば、人生が 変わります。　아침 2시간 일찍 일어나면 인생이 바뀝
니다.

039

[1그룹 동사의 조건형] 기본형의 어미 'う단(u모음) → え단(e모음)'에 ば를 붙인 형태.

雨が 降れば、試合は 中止します。　　　비가 온다면 시합은 중지합니다.

熱が 出れば、この 薬を 飲んで ください。　열이 난다면 이 약을 복용하세요.

宝くじに 当たれば、家を 買います。　　　복권에 당첨된다면 집을 살 겁니다.

[い형용사(Aい)의 조건형] 어간(A)에 'ければ'를 붙인 형태. / [특수 활용] いい(좋다) → よければ(좋으면) / 부정을 나타내는 'ない' 역시 'なければ'로 활용.

明日 天気が よければ、テニスを します。　내일 날씨가 좋으면 테니스를 할 겁니다.

部屋が うるさければ、他の 部屋に
移って ください。　　　　　　　　　　방이 시끄러우면 다른 방으로 옮겨 주세요.

水着が なければ、プールに 入れません。　수영복이 없으면 풀장에 들어갈 수 없습니다.

041

[な형용사(NAだ)/명사(N)의 조건형] な형용사는 어간(NA)에 'ならば'를 붙인 형태. / 명사는 뒤에 'ならば'를 붙인 형태.

その人が いい人ならば、一緒に 働きたい　그 사람이 좋은 사람이라면 함께 일하
です。　　　　　　　　　　　　　　　고 싶습니다.

部屋が 静かなら(ば)、よく 勉強 できます。　방이 조용하면 잘 공부할 수 있습니다.

にんじんが きらいなら(ば)、食べなくても　당근이 싫다면 먹지 않아도 됩니다.
いいです。

「동사의 과거 보통체[Vた/Vなかった]+と」=「~하면, ~한다면, ~더니」/ 화자의 주관적 표현(의지, 권유 등)을 자유롭게 나타내며 주로 회화체로 사용 & '[1] 확정 조건, [2] 가정 조건, [3] 발견'의 의미를 나타낼 사용.

駅に 着いたら、連絡して ください。　　　역에 노착하면 연락해 주세요.

仕事が 終わったら、ビールを 飲みに 行こう。　일이 끝나면 맥주 마시러 가자.

大学を 卒業したら、日本語の 先生に なり　대학을 졸업하면 일본어 선생님이 되고
たいです。　　　　　　　　　　　　　싶습니다.

たら의 조건 표현 중 '[2] 가정 조건'은 일어날지 모르는 일을 가정하고 말할 때 사용. (가정 조건의 'たら'는 'ば'로 바꿔 쓸 수 있음)

雨が 降ったら、試合は 中止します。　　　비가 온다면 시합은 중지합니다.

熱が 出たら、この 薬を 飲んで ください。　열이 난다면 이 약을 복용하세요.

宝くじに 当たったら、家を 買います。　　복권에 당첨된다면 집을 살 겁니다.

044

たら의 조건 표현 중 '[3] 발견'은 たら가 붙은 문장의 결과 어떠한 것을 발견했다는 걸 나타낼 때 사용. (과거 문장과 함께 사용 & 발견의 'たら'는 'と'로 바꿔 쓸 수 있음)

朝 起きたら、雪が 積もって いました。　　아침에 일어났더니 눈이 쌓여 있었습니다.

ラーメン屋に 行ったら、定休日でした。　라면 가게에 갔더니 정기 휴일이었습니다.

家に 帰ったら、母が 倒れて いました。　집에 돌아왔더니 어머니가 쓰러져 있었습니다.

「い형용사(Aい)의 과거 보통체[Aかった/Aくなかった]＋ら」＝「~면, ~다면」

暑かったら、クーラーを つけて ください。　더우면 에어컨을 켜세요.

寒かったら、窓を 閉めて ください。　추우면 창문을 닫으세요.

おいしく なかったら、食べなくても いいです。　맛있지 않으면 먹지 않아도 됩니다.

「な형용사(NAだ)/명사(A)의 과거 긍정 보통체[NA(N)だった/NA(N)じゃ なかった]＋ら」＝「~하면, ~하다면」

暇だったら、ちょっと 手伝って ください。　한가하면 좀 도와주세요.

野菜が 好きだったら、この サラダを　야채를 좋아한다면 이 샐러드를 먹으세요.
食べて ください。

明日 雨だったら，キャンプは 中止します。　내일 비가 오면 캠프는 중지합니다.

「동사의 비과거 모통체[V기본형/V ない]+なら」＝「~라면, ~거라면, ~하면」(ならは '[1] 상대방의 이야기/상황에 대한 판단/의지/충고' 등을 나타낼 때 주로 사용)

その ソファーを 捨てるなら、私に ください。	그 소파를 버릴 거라면 저 주세요.
スーパーに 行くなら、コーラを 買って きて ください。	슈퍼마켓에 갈 거라면 콜라를 사 와 주세요.
釜山に 行くなら、KTXが 便利です。	부산에 갈 거라면 KTX가 편리합니다.

048

なら의 조건 표현에는 '[2] 가정 조건(만약 ~하다면), [3] 주제'를 나타낼 때도 사용 가능. (가정 조건의 경우, 'たら'나 'ば'로 바꿔 쓸 수 있음)

雨が 降るなら、試合は 中止します。	비가 온다면 시합은 중지합니다.
夜に 熱が 出るなら、この 薬を 飲んで ください。	밤에 열이 난다면 이 약을 복용하세요.
宝くじに 当たるなら、家を 買います。	복권이 당첨된다면 집을 살 겁니다.

「い형용사의 비과거 보통체[Aい/A く ない]+なら」＝「~면」

寒いなら、窓を 閉めましょうか。	추우면 창문을 닫을까요?
チャプチェを 食べた ことが ないなら、一度 食べて みて ください。	잡채를 먹은 적이 없다면 한번 먹어 보세요.
そんなに 安いなら 是非 購入したいです。	그렇게 싸다면 꼭 구입하고 싶습니다.

「명사, な형용사[NA(N)/NA(N)じゃ ない]+なら」＝「~라면, ~하다면」('명사+なら'의 경우 '[3] 주제의 용법'으로도 사용, 이때 ならと 조사 は(은/는)의 의미)

イさんなら 今 図書館に います。	이 씨라면 지금 도서관에 있습니다.
テコンドなら 韓国が 一番 強いです。	태권도라면 한국이 제일 강합니다.
キムチが 好きじゃ ないなら、食べなくても いいです。	김치를 좋아하지 않는다면 먹지 않아도 됩니다.

051 「의문사+V(た형)+たら いいですか」=「~하면 좋습니까?」

どう したら いいですか。　　　　　　　어떻게 하면 좋습니까?

誰に 聞いたら いいですか。　　　　　　누구한테 물어보면 좋습니까?

池袋へ 行きたいです。どこで 乗り換えたら 이케부쿠로에 가고 싶습니다. 어디에서

いいですか。　　　　　　　　　　　　　갈아타면 좋습니까?

052 「V(た형)+たら いい」=「~하면 좋다, ~하는 것이 좋다」

お医者さんに 行ったら いいです。　　　의사 선생님에게 가면 좋을 것입니다.

日本語の 先生に 聞いたら いいです。　일본어 선생님에게 물어보면 좋을 것입

　　　　　　　　　　　　　　　　　　니다.

日暮里で 乗り換えたら いいです。　　　닛뽀리에서 갈아타면 좋을 것입니다.

053 「V(た형)+たら どうですか」=「~하면 어떻겠습니까?」(막역한 사이에서는 'どうです

か'를 생략하고 'V(た형)たら'의 형태로 사용)

電話を したら どうですか。　　　　　　전화를 하면 어떻겠습니까?

バイトを やめたら どうですか。　　　　아르바이트를 그만두면 어떻겠습니까?

病院に 行って みたら どうですか。　　병원에 가 보면 어떻겠습니까?

054 「V(조건형)+ば いい」=「~하면 좋다, ~하는 것이 좋다」(이 표현은 '의문사+たら いいです

か'로 바꿔 쓸 수 있음)

どう すれば いいですか。　　　　　　　어떻게 하면 좋습니까?

日本語は どう 勉強すれば いいですか。일본어는 어떻게 공부하면 좋습니까?

東京ディズニーリゾートに 行きたいです。도쿄디즈니리조트에 가고 싶습니다. 어디

どこで 降りれば いいですか。　　　　　에서 내리면 좋습니까?

「V(조건형)+ば いい」=「~하면 좋다, ~하는 것이 좋다」/「V(조건형)+ば いいと 思う」
=「~하면 좋다고 생각한다」

SNSを やめれば いいと 思います。　　　SNS를 그만두면 좋을 것이라고 생각합니다.

毎日 少しずつ 勉強 すれば いいと 思います。　매일 조금씩 공부하면 좋을 것이라고 생각합니다.

舞浜駅で 降りれば いいと 思います。　　마이하마역에 내리면 좋을 것이라고 생각합니다.

「V(조건형)+ば。」=「~하지 그래?, ~하는게 어때?」(이 표현은 'V(た형)たら。', 'V(た형)
たら どう。'로 바꿔쓸 수 있음)

お酒を やめれば。　　　　　　술을 끊지 그래?

会社を 休めば。　　　　　　　회사를 쉬지 그래?

そんなに ほしいなら、買えば。　그렇게 갖고 싶으면 사지 그래?

「V(た형)+た 方(ほう)方が いい」=「~하는 편이 좋다, ~하는 편이 낫다」

今晩は 早く 寝た 方が いいです。　　오늘밤은 일찍 자는 편이 좋습니다.

風邪の ときは ゆっくり 休んだ 方が いいです。　감기일 때는 푹 쉬는 편이 좋습니다.

今日は 傘を 持って いった 方が いいです。　오늘은 우산을 가지고 가는 편이 좋습니다.

「V(ない형)+ない 方が いい」=「~하지 않는 편이 좋다, ~하지 않는 편이 낫다」

あまり 心配しない 方が いいです。　　별로 걱정하지 않는 편이 좋습니다.

風邪の ときは 無理しない 方がいいです。　감기일 때는 무리하지 않는 편이 좋습니다.

にきびは 触らない 方が いいです。　여드름은 만지지 않는 편이 좋습니다.

059 [일본어 명령 표현] '[1] 명령형, [2] V(ます형)なさい' 형태가 있음. / [3그룹 동사의 명령형]
する(하다) → しろ(해라), くる(오다) → こい(와라)

静かに しろ。
조용히 해.

こっちに 来い。
이쪽으로 와.

早く 準備しろ。
빨리 준비해.

060 [2그룹 동사의 명령형] 기본형 어미 'る'를 없애고 'ろ'를 붙인 형태.

喧嘩は やめろ。
싸움은 그만둬.

早く 起きろ。
빨리 일어나.

現実を 見ろ。
현실을 봐라.

061 [1그룹 동사의 명령형] 기본형 어미 'う단(u모음)'을 'え단(e모음)'으로 바꾼 형태.

頑張れ。
힘내.

時間が ない、急げ。
시간이 없어, 서둘러.

ちょっと 待て。
잠깐만 기다려.

062 「V(ます형)+なさい」 = 「~해라, ~하거라, ~하시오」 / [3그룹 동사의 활용 예시] する(하다)
→ しなさい。(해라.), くる(오다) → きなさい。(와라.)

こっちに 来なさい。
이쪽으로 와라.

静かに しなさい。
조용히 해라.

本当に 好きな 人と 結婚しなさい。
정말로 좋아하는 사람이랑 결혼해라.

063 「V(ます형)+なさい」 = 「~해라, ~하거라, ~하시오」 / [2그룹 동사의 활용 예시]

早く 起きなさい。
빨리 일어나라.

喧嘩は やめなさい。
싸움은 그만해라.

健康の ために 野菜を 食べなさい。
건강을 위해 야채를 먹어라.

064 「V(ます형)+なさい」＝「~해라, ~하거라, ~하시오」/ [1그룹 동사의 활용 예시]

手を 洗いなさい。　　　　　　　　　소을 씻어라

今日は 早く 帰りなさい。　　　　　오늘은 일찍 돌아와라.

椅子に ちゃんと 座りなさい。　　　의자에 똑바로 앉아라.

065 「V(기본형)+な」＝「~하지 마, ~하지 말 것」

二度と 料理するな。　　　　　　　두 번 다시 요리하지 마.

絶対に 諦めるな。　　　　　　　　절대로 포기하지 마.

他の 人には 言うな。　　　　　　다른 사람에겐 말하지 마.

066 「V/A/N(보통체/정중체)＋し ＝「~하고, ~해서」('[1] 열거, [2] (가벼운) 이유'를 나타내는 표현)

鈴木先生は 親切だし、かっこいいし、　　스즈키 선생님은 친절하고, 멋있고,

おもしろいです。　　　　　　　　　　　재미있습니다.

この レストランは 料理が おいしいし　이 레스토랑은 요리도 맛있고 가격도

(orおいしいですし)、値段も 安いです。　쌉니다.

天気も 悪いし(or 悪いですし)、　　　　날씨도 나쁘고 하니 산책은 그만둡시다.

散歩は やめましょう。

067 「V/A/N(보통체/정중체)+から」＝「~때문에, ~니까」(이 뒤에는 주로 말하는 사람의 의지, 희망, 명령, 금지 등을 나타내는 문장이 옴)

すぐ 戻って くるから、待って いて。　　곧 돌아올 테니까 기다리고 있어.

鍋が 熱いですから、気を つけて ください。　냄비가 뜨거우니까 조심하세요.

キムチチゲを 作りましたから、　　　　　김치찌개를 만들었으니까 먹으세요.

食べて ください。

211

068 'から'가 붙은 문장은 보통 '[1] 보통체+から、보통체' 그리고 '[2] 정중체+から、정중체'와 같이 문체를 일치시킴.

日曜日ですから、どこか 行きましょう。 일요일이니까 어딘가 갑시다.

納豆は 嫌いだから、あまり 食べたく ない。 낫토는 싫어하니까 별로 먹고 싶지 않아.

今日は 空気が 悪いですから、マスクを した 方が いいです。 오늘은 공기가 나쁘니까 마스크를 하는 편이 좋아요.

069 「V/A/N(보통체 > 정중체)+ので」=「~때문에, ~니까」(문장 전체의 문체(보통체/정중체)에 상관없이 ので 앞에는 보통체를 많이 사용)

エレベーターが 止まって いるので、歩かなければ なりません。 엘리베이터가 멈춰 있기 때문에 걸어야 합니다.

少し 寒いので、窓を 開けないで ください。 조금 춥기 때문에 창문을 열지 마세요.

今日は 空気が 悪いので、マスクを して 出かけよう。 오늘은 공기가 나쁘니까 마스크를 하고 외출하자.

070 な형용사(NAだ), 명사(N)의 '비과거 긍정 보통체' 뒤에 ので가 올 경우, 「N(NA)な+ので」=「~때문에, ~니까」와 같이 사용. ('ので'는 인과관계를 논리적으로 서술하거나 객관적인 이유를 나타낼 때 사용, 'から'와는 달리 뒤에 '명령, 금지' 표현이 올 수 없음)

明日は 休みなので、遊びに 行こうと 思います。 내일은 휴일이기 때문에 놀러가려고 생각합니다.

明日 試験なので、今日は 早く 寝ます。 내일 시험이기 때문에 오늘은 일찍 잡니다.

私は ビールが 好きなので、よく 飲みます。 저는 맥주를 좋아하기 때문에 자주 마십니다.

071
「V/A/N(보통체)＋のに」＝「～인데, ～에도 불구하고」

頑張（がんば）ったのに、合格（ごうかく）できませんでした。　　분발했는데도 합격하지 못했습니다.

昨日（きのう）は 暑（あつ）かったのに、今日（きょう）は 少（すこ）し 寒（さむ）いです。　　어제는 더웠는데 오늘은 조금 춥습니다.

料理（りょうり）は おいしいのに、店員（てんいん）が 不親切（ふしんせつ）だ。　　요리는 맛있는데 점원이 불친절하다.

072
「N(NA)な＋のに」＝「～인데, ～에도 불구하고」(な형용사(NA だ), 명사(N)의 '비과거 긍정 보통체' 뒤에 'のに'가 올 경우, NA なのに、N なのに의 형태로 사용)

交通（こうつう）が 不便（ふべん）なのに、家賃（やちん）が 高（たか）いです。　　교통이 불편한데도 집값이 비쌉니다.

明日（あした）試験（しけん）なのに、全然（ぜんぜん）集中（しゅうちゅう）できない。　　내일 시험인데 전혀 집중이 되지 않는다.

この 海（うみ）は 水（みず）が きれいなのに、人（ひと）が　　이 바다는 물이 깨끗한데 사람이

少（すく）ないです。　　적습니다.

073
「V/A/N(보통체/정중체)＋が」＝「～이지만, ～인데」('[1] 역접, 대비, [2] 전제'를 나타냄)

私（わたし）も 行（い）きたいですが、明日（あした）は 用事（ようじ）が　　저도 가고 싶지만 내일은 용무가 있습니

あります。　　다.

私（わたし）は 料理（りょうり）は 好（す）きだが、皿洗（さらあら）いは 嫌（いや）だ。　　나는 요리는 좋아하지만 설거지는 싫어

日本語（にほんご）の 勉強（べんきょう）は 難（むずか）しいですが、　　한다.

おもしろいです。　　일본어 공부는 어렵지만 재미있습니다.

074
'[2] 전제'는 말을 꺼낼 때 사용, 특별한 의미 없이 두 문장을 연결하는 역할. ('が'가 붙은 문장은 '[1] 보통체＋が、보통체', '[2] 정중체＋が、정중체'와 같이 문체를 일치시킴)

池袋（いけぶくろ）に 行（い）きたいですが、どこで　　이케부쿠로에 가고 싶은데, 어디에서

乗（の）り換（か）えれば いいですか。　　갈아타면 좋습니까?

すみませんが、トイレは どこですか。　　죄송한데요, 화장실은 어디인가요?

昨日（きのう）山田先生（やまだせんせい）に 会（あ）いましたが、　　어제 야마다 선생님을 만났는데요,

とても 元気（げんき）でした。　　무척 건강하셨습니다.

075 「V(의지형)+と して いる」 = 「~하려고 한다, 막 ~하려는 참이다」 (변화를 향해 나아가고 있는 상태, 즉, '변화의 시작, 종말 직전'을 나타내는 표현)

新学期が 始まろうと して います。　　　　새 학기가 시작되려고 합니다.

私 の 冬休みは もう すぐ 終わろうと　　　나의 겨울 방학은 이제 끝나려고 합니다.
して います。

夕日が 沈もうと して います。　　　　　　저녁 해가 지려고 합니다.

076 「V(기본형)+ところだ」 = 「~하려고 한다, 막 ~하려는 참이다」 (동사의 기본형' 뒤에 'ところだ'를 붙이면, '[1] 행위, 변화의 시작 직전'임을 강조하는 표현)

これから 食べる ところです。　　　　　　이제부터 먹으려는 참입니다.

注 文しましたか。いいえ、これから　　　　주문했어요? 아니요, 이제부터
注 文する ところです。　　　　　　　　　주문하려는 참이에요.

ちょうど 出かける ところです。　　　　　마침 외출하려던 참입니다.

077 「V(て형)+て いる ところだ」 = 「(한창) ~하고 있는 중이다」 ('동사의 て형' 뒤에 'て いる ところだ'를 붙이면, '[2] 행위, 변화가 한창 진행 중'임을 강조하는 표현)

今 食べて いる ところです。　　　　　　　지금 먹고 있는 중입니다.

今 家で 日本語を 勉 強 して いる ところです。　지금 집에서 일본어를 공부하고 있는 중
　　　　　　　　　　　　　　　　　　　　　입니다.

今 お風呂に 入って いる ところです。　　　지금 목욕하고 있는 중입니다.

078 「V(た형)+た ところだ」 = 「막 ~하다, 막 ~한 참이다」 ('동사의 た형' 뒤에 'た ところだ'를 붙이면, '[3] 행위, 변화가 종료한 직후'임을 강조하는 표현)

たった 今 食べた ところです。　　　　　　방금 막 먹었습니다.

ちょうど 仕事が 終わった ところです。　　마침 일이 막 끝났습니다.

今 帰って きた ところです。　　　　　　　지금 막 돌아왔습니다.

079 「V(た형)+た ばかりだ」 = 「막 ~하다, ~한 지 얼마 되지 않다」

さっき 食べた ばかりです。 좀 아까 막 먹었습니다.

仕事が 終わった ばかりです。 일이 끝난 지 얼마 되지 않았습니다.

買った ばかりの パソコンを 壊しました。 산 지 얼마 되지 않은 컴퓨터를 고장 냈습니다.

---

080 'Vた ばかりだ'는 'Vた ところだ'에 비해 행위가 종료된 후 지나간 시간의 폭이 넓으며, 심리적으로 짧다고 느껴지는 시간에도 사용.

去年 引っ越した ばかりです。 작년에 막 이사했습니다.

先月 結婚した ばかりです。 지난달에 막 결혼했습니다.

先週 入社した ばかりです。 지난주에 막 입사했습니다.

---

081 「Vた ばかりなので/のに」 = 「막 ~했기 때문에/했는데도」 (이유/역접)

起きた ばかりなので、まだ 食べて いません。 일어난 지 얼마 되지 않았기 때문에 아직 안 먹었습니다.

買った ばかりなので、まだ 使って いません。 산 지 얼마 되지 않았기 때문에 아직 사용하지 않았습니다.

さっき 食べた ばかりなので、
お腹が いっぱいです。 방금 막 먹었기 때문에 배가 부릅니다.

---

082 「V(た형)た ばかりなのに」 = 「막 ~했는데도, ~한 지 얼마 되지 않았는데도」

さっき 食べた ばかりなのに、お腹が すきました。 방금 막 먹었는데도 배가 고픕니다.

キムさんは 日本に 来た ばかりなのに、
日本語が とても 上手です。 김 씨는 일본에 온 지 얼마 안 되었는데도, 일본어가 무척 능숙합니다.

会った ばかりなのに、もう いい 友だちに
なりました。 만난 지 얼마 안 되었는데도, 벌써 좋은 친구가 되었습니다.

083

[경양 표현] 상대방에게 경의를 나타내며 자신의 행위를 낮춰 말하는 표현, '[1] 경양동사, [2] お V(ます형)する/ごN(동작성명사)する, [3] V(사역형)ていただく'의 3가지 형태 존재. /

[1]-1 경양동사 : (일반동사) いる(있다), 行く(가다)/来る(오다), 見る(보다) → (경양동사) おる(있다), 参る(가다/오다), 拝見する(보다)

今 事務室に おります。　　　　　　지금 사무실에 있습니다.

私は 韓国から 参りました。　　　　저는 한국에서 왔습니다.

企画書を 拝見しました。　　　　　기획서를 봤습니다.

[1]-2 경양동사 : [일반동사] もらう(받다)/食べる(먹다)/飲む(마시다), あげる(주다) → [경양동사] いただく(받다/먹다/마시다), さしあげる(드리다)

この 辞書は イ先生から いただきました。　　이 사전은 이 선생님으로부터 받았습니다.

カツ丼を いただきました。　　　　　　　　돈가스 덮밥을 먹었습니다.

明日 お電話さしあげます。　　　　　　　내일 전화 드리겠습니다.

085

[1]-3 경양동사 : [일반동사] 言う(말하다), する(하다) → [경양동사] 申す(말하다)/申し上げる(말씀드리다), いたす(하다)

イ・ヒョンジンと 申します。　　　　　　이현진이라고 합니다.

この 仕事は 私が いたします。　　　　이 일은 제가 하겠습니다.

進捗 状況に ついて 申し上げます。　진척 상황에 관해 말씀드리겠습니다.

[2]-1 경양 표현 (동사) : 「お + V(ます형)+する」 = 「~하다, ~(해) 드리다」

どうぞ よろしく お願いします。　　　아무쪼록 잘 부탁드립니다.

さっそく お調べします。　　　　　　즉시 조사하겠습니다.

私が タクシーを お呼びします。　　제가 택시를 부르겠습니다.

'[2]-1 겸양 표현 : おV(ます형)する'에서 'する'를 겸양동사 'いたす'로 바꿔 쓰면 정중도가
더 높아짐. / 「お + V(ます형)+いたす」= 「~하다, ~(해) 드리다」

どうぞ よろしく お願いいたします。   아무쪼록 잘 부탁드립니다.

さっそく お調べいたします。   즉시 조사하겠습니다.

私 が タクシーを お呼びいたします。   제가 택시를 부르겠습니다.

088

[2]-2 겸양 표현 (동작성명사) : 「ご + N(동작성명사)+する / いたす」= 「~하다, ~(해) 드리다」

今から ご説明いたします。   지금부터 설명 드리겠습니다.

私が ご案内いたします。   제가 안내해 드리겠습니다.

調査の結果に ついて ご報告いたします。   조사 결과를 보고 드리겠습니다.

[3] 겸양 표현 (사역+겸양) : 「V(사역형)+て いただく」= 「~하겠습니다」(상대방의 허락 하에
자신이 어떤 행동을 할 때, 혹은 허락을 받아 행동해야 할 경우에 사용)

今から 説明させて いただきます。   지금부터 설명하겠습니다.

インフルエンザなので、明日から 休ませて   독감이기 때문에 내일부터 쉬겠습니다.
いただきます。

以上で 発表を 終わらせて いただきます。   이상으로 발표를 마치겠습니다.

「V(て형)+て いただけますか」=「~해 주실 수 있으십니까?」/「ご + N(동작성명사)
いただけますか」=「~해 주실 수 있으십니까?」

この 料理の 作り方を 教えて   이 요리 만드는 방법을 가르쳐 주실 수
いただけますか。   있으십니까?

大きい 声で 話して いただけますか。   큰 목소리로 이야기해 주실 수 있으십니까?

ご検討いただけますか。   검토해 주실 수 있으십니까?

091 '[2]-1 겸양 표현 : おV(ます형)する'에서 'する'를 'しましょうか '로 바꿔 쓰면 '~해 드릴까요?'라는 뜻의 상대방을 위해 무언가를 할 것을 자청하는 정중한 표현이 됨. / 「お + V(ます형) + しましょうか」 = 「~할까요, ~(해) 드릴까요?」

お手伝いしましょうか。 도와드릴까요?

荷物を お持ちしましょうか。 짐을 들어 드릴까요?

傘を お貸ししましょうか。 우산을 빌려 드릴까요?

---

092 [존경 표현] 상대방의 행위를 높여 말하는 존경 표현에는 '[1] 존경동사, [2] おV(ます형)になる/ごN(동작성 명사)に なる, [3] 수동형'의 3가지 형태가 존재. 존경도는 [1] > [2]>[3]의 순. / [1]-1 존경동사 : [일반동사] 見る(보다), いる(있다)/行く(가다)/来る(오다), 知っている(알고 있다) → [존경동사] ご覧に なる(보시다), おいでに なる(계시다/가시다/오시다), ご存知だ(알고 계시다)

今朝の ニュースを ご覧に なりましたか。 오늘 아침 뉴스를 보셨습니까?

山田様が おいでに なりました。 야마다 님이 오셨습니다.

ドラゴンフルーツの 食べ方を ご存知ですか。 용과 먹는 법을 알고 계십니까?

---

093 [1]-2 존경동사 : [일반동사] いる(있다)/行く(가다)/来る(오다), 言う(말하다), する(하다) → [존경동사] いらっしゃる(계시다/가시다/오시다)(+ます : いらっしゃいます), おっしゃる(말씀하시다)(+ます : おっしゃいます), なさる(하시다)(+ます : なさいます)

社長が いらっしゃいました。 사장님이 오셨습니다.

先生は 何と おっしゃいましたか。 선생님은 뭐라고 말씀하셨습니까?

飲み物は 何に なさいますか。 음료수는 무엇으로 하시겠습니까?

094 [1]-3 존경동사 : [일반동사] 食べる(먹다)/飲む(마시다), くれる(주다) → [존경동사] 召し上がる(드시다/잡수다)(+ ます : 召し上がります), くださる(주시다)(+ ます : くださいます)

社長、ワインを 召し上がりますか。　　　　　선생님, 와인을 드시겠습니까?
これは 先生が くださった 本です。　　　　이것은 선생님이 주신 책입니다.
鈴木さんが 日本語を 教えて くださいました。　스즈키 씨가 일본어를 가르쳐 주셨습니다.

095 [1]-1 존경 표현 (동사) : 「お + V(ます형)+に なる」= 「~하시다」('긍/부정, 비과거/과거, 보통체/정중체'로 활용할 경우 'なる' 부분만 활용하면 됨)

先生は たばこを お吸いに なりますか。　　　선생님은 담배를 피우십니까?
ビールを お飲みに なりますか。　　　　　　맥주를 마시겠습니까?
もう この 本を お読みに なりましたか。　　벌써 이 책을 읽으셨습니까?

096 [2]-2 존경 표현 (동작성명사) : 「ご + N(동작성명사)+に なる」= 「~하시다」

部長は 明日の 会議に ご出席に なりますか。　부장님은 내일 회의에 출석하십니까?
パーティーに ご参加に なりますか。　　　　파티에 참가하십니까?
息子さんは もう ご卒業に なりましたか。　　아드님은 이제 졸업하셨습니까?

097 [3] 수동형 : '수동형'도 '존경어'로 사용 가능, 다른 존경 표현에 비해 존경의 정도는 낮지만 널리 사용. / [3그룹 동사의 수동형] する(하다) → される(하시다), くる(오다) → こられる(오시다) / [2그룹 동사의 수동형] 기본형의 어미 'る'를 없애고 'られる'를 붙임

ご両親に 相談されましたか。　　　　　　　부모님에게 상담하셨습니까?
先輩、この 資料は 見られましたか。　　　　선생님, 이 자료는 보셨습니까?
石田さんは 出られましたか。　　　　　　　이시다 씨는 나가셨습니까?

098 [1그룹 동사의 수동형] 기본형의 어미 'う단(u모음)'을 'あ단(a모음)'으로 바꾸고 'れる'를 붙인 형태. (단, 'う'로 끝나는 동사는 'わ'로 바꿈)

先輩は たばこを 吸われますか。　　　　　　선배님은 담배를 피우십니까?

ビールを 飲まれますか。　　　　　　　　　맥주를 마시시겠습니까?

もう この 本を 読まれましたか。　　　　　벌써 이 책을 읽으셨습니까?

099 'おV(ます형)' 뒤에 'ください'를 붙이면, '~해 주세요, ~해 주십시오'라는 뜻의 정중한 의뢰, 권유 표현. / 「お + V(ます형)+ください」 = 「~해 주세요, ~해 주십시오」

ここで お待ちください。　　　　　　　　　여기에서 기다려 주십시오.

パスポートを お見せください。　　　　　　여권을 보여 주세요.

こちらの 椅子に おかけください。　　　　이쪽 의자에 앉아 주세요.

100 'ごN(동작성 명사)' 뒤에 'ください'를 붙이면, '~해 주세요, ~해 주십시오'라는 뜻의 정중한 의뢰, 권유 표현. / 「ご + N(동작성 명사)+ください」 = 「~해 주세요, ~해 주십시오」 (* 'ご利用して ください。(X)'로 잘못 말하지 않도록 유의)

有料 駐車場を ご利用ください。　　　　　유료 주차장을 이용해 주십시오.

皆さん、どうぞ ご 着席ください。　　　　여러분, 부디 착석해 주십시오.

いつでも 気軽に ご相談ください。　　　　언제든지 마음 편히 상담해 주십시오.

2. 주요 어휘 총정리

昨夜(さくや)	(명사) 어젯밤	p.034
働く(はたらく)	(동사) 일하다	p.034
東京(とうきょう)	(명사) 도쿄	p.035
複雑だ(ふくざつだ)	(な형용사) 복잡하다	p.035
真面目だ(まじめだ)	(な형용사) 착실하다, 성실하다	p.035
辺り(あたり)	(명사) 근처, 부근	p.036
家賃(やちん)	(명사) 집세	p.036
クッキー	(명사) 쿠키	p.036
サイズ	(명사) 사이즈	p.036
おかゆ	(명사) 죽	p.037
教材(きょうざい)	(명사) 교재	p.037
わかる	(동사) 이해하다	p.037
グラス	(명사) 유리컵	p.037
割れる(われる)	(동사) 깨지다	p.037
字(じ)	(명사) 글자, 글씨	p.038
画面(がめん)	(명사) 화면	p.038
軽い(かるい)	(い형용사) 가볍다	p.038
使う(つかう)	(동사) 사용하다	p.038
皿(さら)	(명사) 접시	p.039
小さい(ちいさい)	(い형용사) 작다	p.039
重い(おもい)	(い형용사) 무겁다	p.039

歩く(あるく)	(동사) 걷다	p.040
漢字(かんじ)	(명사) 한자	p.040
覚える(おぼえる)	(동사) 외우다	p.040
シャツ	(명사) 셔츠	p.046
取れる(とれる)	(동사) (붙어 있던 것이) 떨어지다	p.046
ポケット	(명사) 주머니	p.046
財布(さいふ)	(명사) 지갑	p.046
落ちる(おちる)	(동사) 빠지다, 떨어지다	p.046
いつも	(부사) 항상, 언제나	p.047
幸せだ(しあわせだ)	(な형용사) 행복하다	p.047
介護(かいご)	(명사) 간호	p.047
大変だ(たいへんだ)	(な형용사) 힘들다	p.047
悲しい(かなしい)	(い형용사) 슬프다	p.048
忙しい(いそがしい)	(い형용사) 바쁘다	p.048
辞める(やめる)	(동사) 그만두다	p.049
風邪(かぜ)	(명사) 감기	p.049
病気(びょうき)	(명사) 병, 질병	p.050
どうやら	(부사) 아무래도	p.050
負け(まけ)	(명사) 패배	p.050
運転(うんてん)	(명사) 운전	p.051
下手だ(へただ)	(な형용사) 잘 못한다, 서툴다	p.051
意外に(いがいに)	(부사) 의외로	p.051
カツカレー	(명사) 돈가스 카레	p.052

元気(げんき)	(명사) 기운, 기력	p.052
ない	(い형용사) 없다	p.052
仲(なか)	(명사) 사이	p.052
悪い(わるい)	(い형용사) 나쁘다	p.052
興味(きょうみ)	(명사) 흥미	p.053
試合(しあい)	(명사) 시합	p.053
終わる(おわる)	(동사) 끝나다, 마치다	p.053
留守(るす)	(명사) 부재중	p.054
テニス	(명사) 테니스	p.054
選手(せんしゅ)	(명사) 선수	p.054
ロック音楽(ロックおんがく)	(명사) 록 음악	p.055
にんじん	(명사) 당근	p.055
きらいだ	(な형용사) 싫어하다	p.055
今度(こんど)	(명사) 이번	p.055
試験(しけん)	(명사) 시험	p.055
怖い(こわい)	(い형용사) 무섭다	p.056
先週(せんしゅう)	(명사) 지난주	p.056
難しい(むずかしい)	(い형용사) 어렵다	p.056
告白する	(동사) 고백하다	p.062
男性(だんせい)	(명사) 남성	p.062
紹介する(しょうかいする)	(동사) 소개하다	p.062
クリスマス	(명사) 크리스마스	p.062
パーティー	(명사) 파티	p.062

帰る(かえる)	(동사) 돌아오다, 돌아가다	p.135
椅子(いす)	(명사) 의자	p.135
ちゃんと	(부사) 똑바로, 정확히	p.135
二度と(にどと)	(부사) 두 번 다시	p.136
絶対に(ぜったいに)	(부사) 절대로	p.136
諦める(あきらめる)	(동사) 포기하다	p.136
他の人(ほかの人ひと)	(명사) 다른 사람	p.136
言う(いう)	(동사) 말하다	p.136
料理(りょうり)	(명사) 요리	p.142
値段(ねだん)	(명사) 가격	p.142
安い(やすい)	(い형용사) 싸다	p.142
天気(てんき)	(명사) 날씨	p.142
散歩(さんぽ)	(명사) 산책	p.142
すぐ	(부사) 곧	p.143
戻ってくる(もどってくる)	(동사) 되돌아오다	p.143
鍋(なべ)	(명사) 냄비	p.143
熱い(あつい)	(い형용사) 뜨겁다	p.143
気をつける(きをつける)	(동사) 조심하다	p.143
キムチチゲ	(명사) 김치찌개	p.143
作る(つくる)	(동사) 만들다	p.143
どこか	(부사) 어딘가	p.144
空気(くうき)	(명사) 공기	p.144
マスク	(명사) 마스크	p.144

MEMO

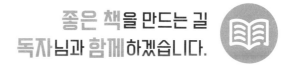

좋은 책을 만드는 길
독자님과 함께하겠습니다.

나의 하루 1줄 일본어 쓰기 수첩 [고급문장 100]

초판4쇄 발행	2024년 05월 03일 (인쇄 2024년 04월 03일)
초 판 발 행	2020년 03월 11일

발 행 인	박영일
책 임 편 집	이해욱
저 자	이현진
감 수	西村幸子 (니시무라 사치꼬)

편 집 진 행	SD어학연구소
표지디자인	조혜령
편집디자인	임아람 · 하한우

발 행 처	시대인
공 급 처	(주)시대고시기획
출 판 등 록	제 10-1521호
주 소	서울시 마포구 큰우물로 75 [도화동 538 성지 B/D] 9F
전 화	1600-3600
팩 스	02-701-8823
홈 페 이 지	www.sdedu.co.kr

I S B N	979-11-254-6070-1(14730)
정 가	12,000원